“你的全世界来了”科普阅读书系

竞技来了

周海秋◎编　著

丛书主编：安若水
副 主 编：王竞华　毕经纬
编　　者：毕研波　周海秋　张思源　王水香　马　然
插　　图：支晓光

山西出版传媒集团　山西教育出版社
·太原·

图书在版编目（CIP）数据

竞技来了 / 周海秋编著. -- 太原 ：山西教育出版社，2025.7
（“你的全世界来了”科普阅读书系 / 安若水主编）
ISBN 978-7-5703-3920-4

Ⅰ. ①竞…　Ⅱ. ①周…　Ⅲ. ①竞技体育-青少年读物　Ⅳ. ①G8-49

中国国家版本馆 CIP 数据核字（2024）第 085367 号

竞技来了
JINGJI LAILE

策　　划　李　磊
责任编辑　田东明
复　　审　彭琼梅
终　　审　冉红平
装帧设计　崔文娟
印装监制　蔡　洁

出版发行　山西出版传媒集团·山西教育出版社
（太原市水西门街馒头巷 7 号　电话：0351-4729801　邮编：030002）
印　　装　山西新华印业有限公司
开　　本　890×1240　1/32
印　　张　5
字　　数　94 千字
版　　次　2025 年 7 月第 1 版　2025 年 7 月第 1 次印刷
书　　号　ISBN 978-7-5703-3920-4
定　　价　23.00 元

目 录

1 古代“马拉松”的诞生 1
2 历史上的长跑牛人 4
3 体育项目的鼻祖 7
4 古代神射手都有谁 10
5 令人膜拜的“弄潮儿” 13
6 细数古代“水精” 16
7 摔跤的别称叫角抵 19
8 痴迷摔跤的皇帝们 22
9 勇敢者的拳击运动 25
10 剑是“战争武器” 28
11 击剑高手在民间 31
12 从“武舞”到“武术” 34
13 武术牛人在这里 37

14 棋类中的“黑白双煞” 40
15 文人中的围棋高手 43
16 小棋盘　大世界 46
17 扛鼎是举重吗 49
18 古代的“花样”举重 52
19 中国古代的大力士 55
20 从“牵钩”到“拔河” 58
21 宫女大臣也爱拔河 61
22 投壶游戏这样玩 64
23 古人如何行酒令 67
24 马走日，象走田 70
25 象棋的生日之谜 73
26 “楚河汉界”的诞生 76

27 象棋界的“学霸” 79
28 冰上的“国际象棋” 82
29 足球的乳名叫“蹴鞠” 85
30 古代足球的花样玩法 88
31 古代足球大明星 91
32 足球的亲戚——橄榄球 94
33 风靡一时的“双陆” 97
34 马背上的运动 100
35 马球带来的那些事儿 103
36 牧羊人的棍杖 106
37 中国古代高尔夫 109
38 皇帝也喜欢捶丸 112
39 用“棒”打“球” 115

40 保龄球的“前世” 118

41 中国古代“花样”滑冰 121

42 蟋蟀小战士 124

43 小蟋蟀，大身价 127

44 端午节里赛龙舟 130

45 斗鸡那些名场面 133

46 半仙之戏 136

47 古代花样跳水 139

48 毽子的花样斗法 142

49 跳白索 145

50 跑道上的疯狂赛车 148

51 线上飞“车” 151

52 全民竞技，你我同行 154

1 古代“马拉松”的诞生

我是一只飞鸟多好哇，可以在天空中自由地翱翔；我是一条小鱼多好哇，可以在大海中任意地穿梭；我是一只猛兽多好哇，可以在原野上忘我地驰骋！

为了保障生命的延续和对美好生活的追求，人类不断地挖掘自身的潜能。在狩猎的时候，跑得快的人总能轻易地捕捉到猎物，美餐一顿；跑得慢的人呢，常常是两手空空，饥肠辘辘。

你是不是想说：“天哪，跑得快实在太重要了！”的确，渐渐地，人们开始意识到跑步的重要性了。

到了奴隶社会，战争频发，虽然主要装备是战车，但是战场上的残局可不是战车上几个士兵能收拾得了的，怎么办呢？这个时候就需要步兵了。为了配合作战，步兵们必须拼尽全力，和马车赛跑。

这样，早在几千年前，就出现了不少的“飞毛腿”，你可能想象不到，他们中的很多人都是从军事训练中走出来的呢！

《荀子·议兵》中记载，魏国在征兵条例中明确规定：魏国的精锐士兵魏武卒必须能够身穿铠甲，携带武器，一天内跑完百里。

魏国士兵

春秋末期，阖闾争得王位后，吴国准备与楚国作战，于是下令军中全副武装，跑完150千米才能安营住宿，否则军法处置。

结果，培养出一支奔跑迅速的铁军，与楚国五战五胜。怎么样，够厉害吧！

再来看元世祖忽必烈，他用一种名为“贵由赤”的赛跑来考核士兵。“贵由赤”在蒙古语里是“快行者”的意思。比赛由朝廷委派的“监临官”做裁判，要求所有参赛者在6个小时内跑完90千米。

皇帝会在终点迎接冠军的到来，当然，取得不同的名次也会获得不一样的赏赐。这种比赛在当时每年举办一次。

那么，真正的马拉松赛又是怎么诞生的呢？

希波战争

公元前490年，波斯派海军入侵希腊，结果在马拉松平原被雅典军队击败。为了让故乡人民尽快知道胜利的喜讯，统帅米勒狄派一个叫费迪皮迪兹的士兵回去报信。

费迪皮迪兹是个出了名的快跑健将，为了让故乡人早点知道好消息，他拼命地跑啊，跑啊，当他跑到雅典时，已经上气不接下气了。

“欢……乐吧，雅典人，我们……胜利了！”说完，他就倒地身亡。

为了纪念这个事件，在1896年举行的现代第一届奥林匹克运动会上，专门设立了马拉松这个项目，还把当年费迪皮迪兹送信所跑的里程——42.195千米作为赛跑的距离。

虽然我们还不能到正式的赛场上参加马拉松比赛，但这并不妨碍我们真切地感受长跑带来的快乐。闲来无事时，拉上几个伙伴，到操场上疯跑几圈吧！

2 历史上的长跑牛人

在远古时期，人类拼命地奔跑是为了躲避动物的追捕和进行狩猎。如果跑得慢，可能有两种后果，一是被动物吃掉，二是被饿死。这样看来，跑得快实在是太重要了。

在中国的历史长河里，要说长跑第一人，非夸父莫属。而且，他跑的可是“追日马拉松”。

夸父

据《山海经》记载：“夸父与日逐走，入日，渴欲得饮，饮于河渭，河渭不足，北饮大泽。未至，道渴而死。”

意思是说，夸父与太阳竞跑，一直追赶到太阳落下的地方。他口渴了，想要喝水，就跑到黄河、渭河去喝水。可是黄河、渭河的水不够，夸父就只好去北方喝大湖里的水。结果，还没赶到大湖，半路就渴死了。

很遗憾，夸父并没有顺利完成“比赛”，但他这种挑战大自然的无畏精神至今仍鼓舞着我们。

北宋有位诗人也是长跑爱好者，他就是赫赫有名的“吃货”苏东坡。每每提到苏东坡，我们的脑海里都会闪现一个文文弱弱的形象，其实不然，苏东坡是个名副其实的“运动健将”。

苏东坡雕像

在给朋友的信中，苏东坡写到，他每天早上起来，一定要跑5千米左右，气喘得受不了的时候就慢下来，缓过来以后再继续加速，跑得头上出汗，脚心发热，四肢舒畅。这样长期坚持，就能体会到其中的妙处。

要说夸父追日，是挑战大自然；苏东坡跑步，是为了锻炼身体，可下面这位，却是为了行盗。

据史书记载，在隋朝时，有一位体质怪异的人，他叫麦铁杖。说他怪异，是因为他一天能跑250千米。算下来差不多六个马拉松比赛标准长度，也就是说，这位麦铁杖先生一天大约可以跑六个马拉松。

麦铁杖是皇帝身边的撑伞人，皇帝晚上休息的时候，他就偷偷跑到百里之外的县城去做一份兼职——行盗。

古代关城门都比较早，麦铁杖必须在关城门之前赶回来，不过，他可从来没被关在门外过。可是时间久了，麦铁杖这张脸人家可就看熟了，还有人直接上报了朝廷。

“从皇宫跑到百里之外行盗？时间上根本来不及啊！”皇帝和大臣们都不相信。后来，一个叫蔡征的大臣提议，找人到一百多里外的地方去送信，如果他能在第二天早上赶回来，赏银一百两；如果没完成任务，就重打五十大板。

百姓们没有一个敢报名的，按照这个时间和距离来计算，就是骑上快马也是赶不回来的。这件事被麦铁杖知道，他心想：这不就是给我送钱吗？于是接了任务，并且真的在第二天黎明之前赶了回来。

这下，麦铁杖可现了原形。

麦铁杖虽然是名副其实的长跑牛人，但他这做法我们可不能学习。

其实，在我们身边就有很多长跑牛人，每次开运动会时都能见到他们的身影。这是他们的优势，可这优势要是没有用在正确的地方，怕是要像麦铁杖一样“跑偏”了。

3 体育项目的鼻祖

说到射箭，你一定不陌生，几乎每个游乐场里都设有射箭馆。当你射中目标次数超过规定数目时，还会赢得小奖品，对不对！

射箭馆

可是你知道吗，握在你手中的箭在距今两万八千多年前就已经出现了，也就是说，原始人已经懂得使用弓箭了。

摩尔根在《古代社会》中说："由于有了弓箭，猎物便成了日常食物。"可见，使用弓箭，提升了原始人的生活水平。

在战国之前，狩猎是军事活动，可是随着军事战术的变化，狩猎渐渐变成了帝王家的娱乐项目，这在唐代皇族中最为盛行。

比方说，唐高祖李渊统一天下后，每年都要举行一两次狩猎活动；唐太宗李世民的弟弟也曾宣称："宁三日不食，不可一日不猎。"

除了皇族，很多文人墨客也喜爱射箭。孔子就是射箭高手，他在鲁国乡间射箭时就吸引了大批"粉丝"，四邻八乡的鲁国人像看偶像演唱会一样为他捧场。孔子把自己的射箭技能教给了众弟子，还形成了中国射箭流派中的儒家射艺。

还有李白，我们知道，李白是唐代浪漫主义大诗人，除了一些颇具浪漫色彩的诗句，他曾在诗中描绘："闲骑骏马猎，一射两虎穿。"这可不是李白自夸，郭沫若也曾在《李白与杜甫》中说："李白喜欢骑马射箭、击剑、蹴鞠，喜欢打猎。"这证实了，李白的诗句虽然可能采用了夸张的写作手法，但是善于骑射却是事实。

再来说诗圣杜甫，他虽然一直醉心于"语不惊人死不休"，但人家并不是书呆子，他青年时期也是一个骑射能手，他在《壮游》中写道："射飞曾纵鞚，引臂落鹫鸧。"意思是说自己一箭射下了飞鸟。如果不经过长期练习，恐怕不会有这样好的箭法。

陆游一生写了上万首诗词，其中就有很多像"壮年一箭落双雕"，"去年射虎南山秋，夜归急雪满貂裘"这样描写骑射狩猎的诗句。

《北史·魏诸宗室列传》记载，北魏孝武帝在洛阳的华林园举行了一次射箭比赛，他把一个酒杯悬挂在百步之外，让十多名运动员进行竞射，最后谁能射中，酒杯就归谁。这在当时叫“奖杯赛”，在中国体育史上，这可能是最早的一次专业射箭比赛了。

射箭的“名气”也因此变得越来越大，蔓延到了民间。有文献记载，在宋朝年间的河北一带，“弓箭社”就有600多个，3万多人参加，历史上较早的专业射箭运动员队伍就这样诞生了。

古代射箭比赛

比赛总是能激起人的斗志，在走进游乐场的射箭馆时，希望你也可以把射箭从娱乐活动变成一场比赛，拿出你不得冠军誓不罢休的劲头，和其他小朋友赛一场吧。

4 古代神射手都有谁

我国历史上也出现过很多神射手，一起来认识一下吧！

首先就是后羿。你一定听过“后羿射日”的故事：传说上古时期，天上有十个太阳，它们炙烤着大地，导致水源干涸，植物枯萎，地球上的人类也快晒脱水了。

后羿射日

就在这个紧急关头，后羿出现了，他手持弓箭，把太阳一个一个射了下来，当天空中只剩一个太阳时，大地又恢复了生机，可是后羿却永远地倒下了。这是一个感人至深的神话故事，但我们也从中看到后羿的箭术了得。

接下来就是养由基。你或许并没有听说过他的名字，但“百发百中”和“百步穿杨”这两个词你也许用过，这都是出自他的故事。

养由基是春秋时期楚国的神射手。一次，养由基在晋、楚比武时，一箭射杀了晋国的神射手吕锜，从此获得了“养一箭”的美誉，意思是一箭毙命。

可遗憾的是，神射手养由基却偏偏是被箭射死的。养由基年迈后，楚王让他不要再上战场，但养由基倔强得很，在楚国和吴国较量的时候，养由基被吴军包围，乱箭射死，这就是“万箭穿心”的由来。

下面要出场的是西汉著名的武将——“飞将军”李广。他不但能够射杀敌人，还能射杀老虎。

李广

有一次，李广把草丛里的石头错看成了老虎，结果一箭射了过去，万万没料到，箭头竟然射到石头里去，可见他的力量足够大。

接下来要说说三国时期蜀国的五虎上将之一——黄忠。因为他刀法和箭术卓越，人送外号“刀箭双绝”。

有一次，黄忠和关羽单挑，黄忠一箭就把关羽的帽子射下来，险些要了关羽的命。不过话说回来，都是自家兄弟，黄忠是不会下狠手的。可见黄忠的箭术不容小觑，即便是关羽骑上赤兔马恐怕也难逃黄忠的飞箭啊！

最后要说的是吕布。他在三国时期是公认的“单挑王”。话说当年袁术和刘备关系紧张，袁术请求吕布帮忙，可刘备也写信请求他的救援。

吕布知道，无论谁胜谁败，都会影响自己，于是设了酒宴招待袁术手下大将纪灵和刘备二人。还向双方约定，如果他能用箭射中门外的方天画戟尖端，两家都要给他面子，不准开战。

方天画戟的尖端那么小，况且又放在门外，在场的所有人都把吕布的话当作笑谈，可万没料到，吕布一杯酒下肚后，拉弓射箭，一箭即中。袁术和刘备两家就这样平息了战火，这就是著名的“辕门射戟”。

事实上，我们每个人只要把自己该做的事做好，就是生活中的“神射手”，也自然会有越来越多的人成为我们的粉丝。

5 令人膜拜的“弄潮儿”

盛夏酷暑难耐，即使是吃着雪糕吹着空调也还是觉得不过瘾，索性一个猛子扎进泳池，那才是真的舒爽！

游泳早已经不是什么稀罕事了，可在遥远的原始人眼里，却神奇得很。

原始人的食物来源主要是“地上跑的”和“水里游的”，森林里的猎物吃够了，总是要换换口味，可是在当时既没有渔网，也没有钓鱼竿，要想吃鱼，只能自己下河去抓。于是，原始人开始有意识地观察和模仿鱼类、蛙类在水里的游泳动作，久而久之，他们就学会了游泳。

据《诗经》记载：“就其深矣，方之舟之。就其浅矣，泳之游之。”这里的“游泳”是分开使用的，“游”是指浮水，“泳”是指潜水。

到了春秋战国时期，游泳就成为一种很高超的技术。

《晏子春秋·谏下》中说，齐国的勇士古冶子“潜行，逆流百步，顺流九里，得鼋而杀之”。古冶子水性好，可以渡过鱼鳖不能游的急流，可以潜入水底取石头，还可以杀死水中的鼋。

秦汉以后，游泳得到了广泛的传播，人们已经不满足于简单地待在水下，而是对游泳姿势有了更高的要求。

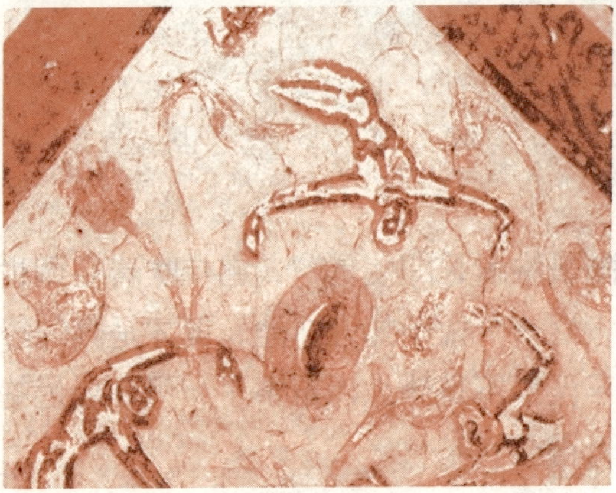

《弄潮游泳图》

敦煌莫高窟就有一幅很典型的《弄潮游泳图》，从画面上四人游泳的姿势来看，跟现在的游泳姿势基本一致。

到了唐宋时期，每到端午节都会在钱塘江举行大规模的游泳比赛，人们还为那些参赛选手起了一个很高大上的名号——“弄潮儿”。

唐代诗人李益写了一首著名的五言诗：“嫁得瞿塘贾，朝朝误妾期。早知潮有信，嫁与弄潮儿。”意思是说，一个女子嫁给商人后悔不当初，感叹自己没能嫁给一个弄潮的男子。这也证实了“弄潮儿”当时在人们心中的地位。

除却市井平民热衷戏水，王公贵胄于凫水之戏亦情有独钟。《宋史·礼志》记载，皇帝在金明池检阅水军的时候，“掷银瓯于波间，令人泅波取之”。若干人抢着去取银瓯，这自然就是游泳比赛了。

游泳项目主要有蛙泳、自由泳、仰泳、蝶泳。其中，蛙泳在比赛中历史较为久远，自由泳和蝶泳在一些方面也受到了蛙泳技术的影响。

故宫博物院里收藏着战国时期的一只铜壶，壶上纹饰宴乐渔猎攻战纹图，图中有人鱼共游的画面，人的游泳姿势协调自然，和现在的自由泳姿势十分相似。

宴乐渔猎攻战纹图铜壶

还有一种很特别的游泳项目不能不提，那就是花样游泳。

美国电影明星威廉姆斯在多部电影中演绎了一番水上芭蕾，使得花样游泳迅速走红。

要说花样游泳，首先要有足够多的小伙伴，其次还得掌握高难度的游泳动作，恐怕我们是学不来的，但我们起码可以扔掉泳圈，放弃狗刨，在规范的游泳场地，学一学超有范儿的正规游泳动作。

6 细数古代"水精"

如果你常常为自己能在泳池里翻腾两圈而沾沾自喜的话，那不得不泼你冷水了。

《南史·周文育传》里说，周文育在11岁时，"能反复游水中数里"。这还不算，他还能"跳高六尺，与群儿聚戏，众莫能及"。

孩童戏水

如果让周文育去参加奥运会游泳比赛的话，成绩应该不会太差。不过，天外有天，人外有人，和下面这位相比，他还真算不得"牛人"。

《列子·黄帝》中说，某男子在"悬水三十仞，流沫三十里"这么危险的地方游泳，试问谁还敢？

就连孔子也以为他是要投水自杀，还特意叫弟子顺水流去救他，结果这男子下水，“数百步而出，被发行歌，而游于棠行”。意思是说，他一口气游了几百步远，重点是人家还不当回事，出水后披着头发，边走边唱。就连孔子都被吓到了，感叹自己见到的不知是人是鬼。

当说到游泳秘籍时，某男子告诉孔子说哪有什么秘籍，只是我天生就水性好，个性也喜欢水。好吧，我辈也只能是望尘莫及。

唐朝有个叫曹赞的人，也不是什么“凡人”，他能穿着衣服从百尺高的桅杆上跳到水里，然后就像坐在席子上一样坐在水面上。有一次，他让人把自己装在一个口袋里，扎住袋口投入江中，自己从口袋中解脱了出来。

文天祥雕像

还有一位游泳健将，他就是南宋的抗敌英雄文天祥。文天祥游泳的高妙之处就在于，能在江河之上谈笑风生，对弈夺将。某次，他约上象棋高手周子善来到溪边，用水面作棋盘，楚河汉界，跳马走车，架炮拱卒，全凭意象。

《传奇》中介绍说，唐德宗贞元年间，周邯买下一个小奴隶，这个少年水性极好，入水翻腾，出水跳跃，简直无所不能。有一次，周邯带着少年去水下探险。少年从水下捞上来许多金银珠宝，这可不得了，就凭着少年一次次潜入水底，周邯逐渐成了富商。

要说古代的“水精”不但多，还各有特点。但咱也别为了追求做个“水精”就胡乱挑战。那些水性好的人，大多是在水边长大的，生来就与水为伴，自然有了很多优势。

7 摔跤的别称叫角抵

传说，在五千年前的氏族部落时代，黄帝部落与蚩尤部落进行了一次前所未有的大战。

为了能够战胜黄帝部落，蚩尤部落想出一个妙招，那就是像羊一样，在头上戴个仿真兽角，这样一来，“以角抵人，人不能向”，自然容易胜出。

从古至今，摔跤都是采用一对一的方式进行搏斗，谁先把对方摔倒谁就胜出。

摔跤

到了秦汉时期，摔跤可就不是这么简单地用来抢夺资源了，而是逐渐地演变成了一种军事训练手段。

《礼记·月令》里说：“天子乃命将帅讲武，习射御，角力。”意思是说，从每年农历十月开始，周天子就下令要战士们练习射箭、驾车和角力。在战争年代，有很好的摔跤能力是相当重要的，要想战胜对方，你就得有足够精湛的摔跤技巧。

到了汉代，角力已经成为经常表演的一项竞赛活动。尤其是在汉武帝时，角力比赛可以说是相当盛行。

唐朝摔跤力士

到了宋代，摔跤更为盛行。宫廷内的选手有了统一的名字，叫“内等子”。可不是谁都能成为内等子的，首先要由军队选拔，合格后才有资格成为内等子，是专为朝中盛会表演的，也算得上是宫内的御用演员了。

《文献通考》上说，作为宫廷的娱乐活动，角抵是各种表演节目的压轴戏，可见角抵在当时有多重要。

摔跤手临上场前，左右军就擂起大鼓。在急鼓声中，一个个未着上衣的壮士绕场而入，每两个人组成一对，开始扭摔。刚一交上手，场外的观众可就不那么安分了，他们高声呐喊起来。随着观众的助威声、呐喊声，摔跤手们充满了斗志，直至分出个胜负，伴随着观众的欢呼，击鼓三通。

宋代诗人杨万里一次在观看了朝廷为提高士兵的武艺而举行的角抵比赛后，大笔一挥，写下了七言角抵诗：“广场妙戏斗程材，才得天颜一笑开。角抵罢时还宴罢，卷班出殿戴花回。”

其实，摔跤比赛除了在宫廷里大受追捧，民间也很流行，在集市和庙会上尤其常见。民间摔跤比赛的装备相对简单，双方只穿褡裢和短靴。

摔跤这项竞技对我们来说最好还是远观欣赏，毕竟，在没有专业老师的指导下，选手是很容易受伤的。不过，如果你实在是手痒，想要尝试一下，可以找专业的老师进行指导。

8 痴迷摔跤的皇帝们

自从摔跤演变成一种竞技比赛，就有越来越多的人爱上这项运动了。

坐在场下看比赛，自然是一件既轻松又刺激的美事。这样的体育项目你也很喜欢对不对！不光是你，其实，有几位古代皇帝在生活中就展现出了对摔跤的热爱。

宫中摔跤比赛

《史记·李斯传》中说，秦二世在甘泉宫，“作觳抵优俳之观”。优俳，指古代的杂戏表演。是说秦二世胡亥特别爱看角抵戏，可以说到了走火入魔的地步。胡亥在甘泉宫中有滋有味地欣赏角抵的时候，不允许任何人来打扰他，要是哪个不懂事的家伙打扰了他的兴致，后果不堪设想。

下面这位，绝对称得上是摔跤竞技的重量级粉丝，他就是汉武帝刘彻。

《汉书·武帝纪》记载，为了观看比赛，刘彻曾经举办过两场超大型的角抵戏。要是有外宾需要接待，他也一定会安排角抵戏来迎接，可见在汉武帝眼中，角抵戏是多么重要。

再来看第三位，三国时期吴国末代皇帝孙皓。这位皇帝也是喜欢看摔跤的，不过他对摔跤的要求有点奇葩，命令宫女们头戴装饰有垂珠的金首饰进行摔跤比赛。

不妨想象一下，摔跤比赛，本身动作幅度就比较大，又因为一些撕扯、摔绊的动作，常常导致那些垂珠散落一地，可这偏偏是皇帝追求的“珠零玉落”的效果。

下面这位，咱得先从一次极其离谱的考试说起。

宋朝科考殿试的时候，有这样一项规定，那就是谁先交卷谁就是状元。消息一出，所有参加考试的人都奋笔疾书，恨不得一口气把题答完。最后，竟然是两个人同时交卷。

当时主持考试的是行伍出身的宋太祖赵匡胤，他文化水平不高，根本看不出两个人的卷子谁答得比较好。于是，他下令：“你们俩在我面前摔上一跤，我便知道谁是状元了。”两人觉得这事挺不靠谱，可又不好反驳，只好照做。

最后，考生王嗣宗趁陈识不注意，一脚把他给绊倒了。赵匡胤惊喜不已，立即指着王嗣宗宣布：“你就是新科状元了！”

书生摔跤

前面我们介绍的这几位都是摔跤的“看客”，接下来这位却是个十足的摔跤高手。

北齐的文宣王高洋自称帝之后，就常常在王公国戚的家里找人角力。他可不管你是什么身份地位，反正得先角力一番才肯罢休。

这种处事方式让人瞠目结舌。你可千万不要向这位皇帝学习，有任何想法，都要先征得对方的同意哦。

9 勇敢者的拳击运动

有一项比赛和摔跤有点像，被人们称为“勇敢者的运动”，既有业余比赛，也有职业比赛，比赛双方谁获得更多积分，谁就战胜了对方，或者干脆把对方打倒在地而取得胜利，结束比赛。现在你知道这是什么比赛了吗？这就是拳击。

其实拳击从诞生到现在已经有很长的历史了，早在古希腊和罗马时代就已经有很多关于拳击的记载，甚至在古代奥运会中，拳击就已经是一项比赛项目。有很多人不敢看这项比赛，好似打架一般，不忍看那挥舞的拳头。实际上没必要担心，既然是比赛就一定有规则，比赛双方也只是在竞技而已。但是不得不说，在拳击诞生之初，它确实是用来“打架”的。

古罗马拳击

在人类早期，常常为了食物或者是地盘而争斗，为了捍卫或保护自身的利益，人们不得不大打出手，于是拳击这项运动就出现了。

传说雅典王子赛希阿斯就曾打过拳击，这可是公元前1000年的事情了。这还不算，有考古学家曾在公元前5世纪爱琴海海岸遗址里面发掘出一对瓷瓶，上面清清楚楚地印着两人相互攻防的拳击图案。由此可见，这项运动历史悠久。只是在这之后很长一段时间，拳击运动热度减退，因为人们发现，在进行这项运动时，有人常常会在拳击手套里藏有像铁蒺藜一样的利器，激烈的搏斗会造成失败者以殒命而告终，这使得人们开始畏惧并且厌恶这项竞技运动。

直到8世纪，欧洲的法庭出现一种新的制度叫“斗审”，基本规定是：贵族之间的诉讼，双方可以用剑击决斗的方式来决定胜负，而普通百姓要以拳击的方式来决定胜负。这样，拳击在普通百姓中便又广泛流行起来。

拳击训练

12世纪，圣倍纳丁推行以拳击代替剑击决斗，并提倡将拳击改成以锻炼身体为原则的体育活动，他还专门为此开设了一所拳击训练学校，并亲自担任校长和拳击教练。这种有趣的拳击运动，逐渐获得了青年们的喜爱。

拳击传到英国后，开始出现了有奖拳击比赛，这就不能不提拳击能手詹姆斯·菲格，他是现代第一位英国拳击冠军，而且蝉联冠军十一年之久，也正因此，人们称他为“无敌将军”。后来，他的得意门生约翰·布劳顿组建了拳击俱乐部，制定了历史上第一份拳击规则，也是世界上最早的职业拳击运动比赛规则，并被命名为“布劳顿规则”。可见他对拳击的发展做出很大贡献，因此后人称他为“拳击之父”。

虽然拳击在发展的道路上不是一帆风顺，但经过对规则的不断改造和完善，在公元前688年举行的古代奥运会上，拳击运动被列为正式的比赛项目，在公元前616年的古代奥运会上，又增加了少年业余拳击比赛。

10 剑是“战争武器”

两个人手持长剑，时而出击，时而躲避，看得观众既紧张又刺激，这项运动就叫击剑。其实，击剑运动并不是现在才出现的，而是一项历史悠久的体育运动项目。

时间大约可以追溯到远古时代，人类为了生存需要进行狩猎活动，人要和猛兽赤手搏斗，那胜算实在太低，这就必然需要工具的帮助。不过，当时人们没有更多可使用的材料，只能用石头或者动物的骨头磨制成狩猎工具。

到了春秋战国时期，中国的制剑技术已经达到了一个高峰，同时也出现了许多的名剑。

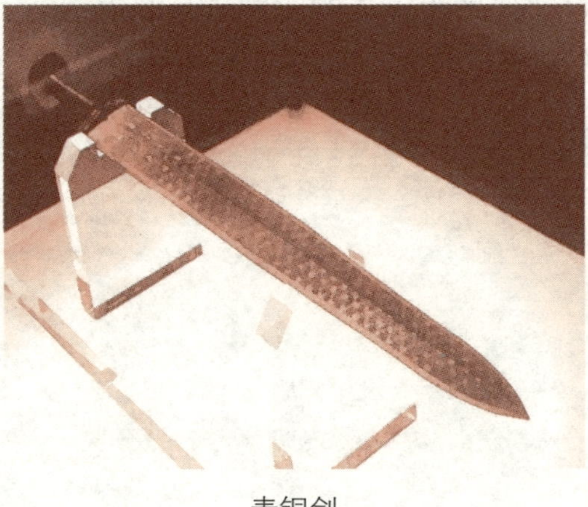

青铜剑

《后汉书·马廖传》中说：“吴王好剑客，百姓多创瘢。”意思是说，吴王喜爱精通剑术的侠客，为此，老百姓身上伤痕累累。可见，为了能选出这个“侠客”，可怜的百姓们也是付出了代价。

到了唐代，剑的主要用途又一次发生了变化，人们开始追捧舞剑。下面来看看杜甫在《观公孙大娘弟子舞剑器行》中是怎么描述公孙大娘舞剑的：“昔有佳人公孙氏，一舞剑器动四方。观者如山色沮丧，天地为之久低昂。㸌如羿射九日落，矫如群帝骖龙翔。来如雷霆收震怒，罢如江海凝清光。”意思是说，从前有个漂亮女人，名叫公孙大娘，每当她舞起剑来，就要轰动四方。观看人群多如山，惊心动魄脸变色，天地也被她的舞姿感染，起伏震荡。剑光璀璨夺目，犹如后羿射落九日，舞姿矫健敏捷，恰似天神驾龙飞翔。起舞时剑势如雷霆万钧，令人屏息，收舞时平静，好像江海凝聚的波光。

随着练剑、舞剑技艺的不断发展，人们又玩起了新花样，比方说击剑比赛。

曹丕在《典论》中就曾记述了他和邓展的一次剑术比赛。一天，曹丕和大将军邓展讨论剑法，曹丕说邓展的剑法太落后了。邓展不服，要求和曹丕比试比试。恰巧当时大家都在吃甘蔗，于是两个人拿甘蔗当剑比试起来。两个人都采用自己的剑法，结果，曹丕接连四次取胜。大将军只能点头承认，曹丕的剑法精湛，他呢，只能垂头丧气地回家练习去了。

唐朝末年，剑的用法越来越多，比方说用来自卫，用来健身，或者用来表演杂技，但不管怎么说，都为人们的生活带来了乐趣。

击剑

可以说，剑经历了漫长的发展历史，才演变成今天的模样，它的作用依然保持着多种多样。在奥运赛场上，或者是清晨的公园里都能见到它的影子。如果有机会，你也可以把它握在手中，感受它带给你的快乐和力量。

11 击剑高手在民间

自从击剑这项运动传播开之后，很多人都爱上了它，其中不乏浪漫主义诗人李白。李白的浪漫诗篇我们随口就能吟上一首，但是你可能不知道，除了写诗，李白的剑术也是了得。

在李白所处的年代，他的剑术可以说是独步天下。想想看，一个孤傲的剑客，吟着豪放的诗，那是怎样一种场景。

传说他曾用剑击退过猛虎，同赤手空拳打老虎的武松不相上下。不管怎样，用“文武双全”来形容他一点也不为过。

剑客

接下来这位剑术高手，被世人称为“剑圣”，他就是大将军裴旻。既然是“剑圣”，那么剑法一定很厉害。

李白还曾经跟随斐旻学过剑术。就连唐文宗都说，李白的诗、张旭的草书、裴旻的剑舞为“三绝”。可见他的剑法已经达到了出神入化的境界。

下面要说的这位是中国古代传说中的剑术家盖聂。

传说当时的卫国人荆轲也是十分热爱击剑的，听说盖聂剑术厉害，就不远万里前去拜访学习。结果两个人在讨论剑法上，各持己见，聊得很不投机，最后惹得盖聂面红耳赤，怒目冷对，荆轲也只好扬长而去了。

三国时期，出现过很多剑术高手，但是因为相关记载较少，所以很多都渐渐失去了名气。不过值得庆幸的是，曹丕曾在《典论》中记载过一个用剑高手，他叫王越。原文里是这么说的：“余又学击剑，阅师多矣。四方之法各异，唯京师为善。桓灵之间，有虎贲王越善斯术，称于京师。河南史阿言昔与越游，具得其法，余从阿学之精熟。”意思是说，我还学习了击剑，接触的高手可多了。说起击剑，各地各路的剑法大不相同，但是数京城的高手最厉害。桓帝和灵帝在位时，京师的虎贲将军王越的剑术是最著名的。河南有个叫史阿的人，他和王越是哥们儿，在不断地接触中得到了王越在剑术方面的真传，而我就是跟史阿学的，学了个精透熟练。

前面我们说的这些，都颇具男子汉气概，但是接下来要隆重登场的这位却是一位女性。

她是我国古代的女击剑手，被人们称之为越女。传说当时越王勾践听说越女后，专门派使者去聘请她为越国军队的剑术教练。结果作战时锐不可当，所以在历史上有“当世莫胜越女之剑”的说法。

女击剑手

今天，我们阅读这些名剑客的故事，觉得他们剑术过人，可是你有没有想过，那一招一式需经过多少次练习才能达到令人称赞的境界。希望你也能像他们一样，努力学习，尽快种下希望的种子，在将来也能收获赞美。

12 从“武舞”到“武术”

双节棍

中华武术具有悠久的历史和深厚的文化底蕴，其起源可以追溯到原始社会。

在原始社会，人与动物之间的搏斗每天都在发生，为了能战胜野兽，原始人往往手持武器，练习做各种攻击的动作，结合宗教祭祀活动，在当时被称为“武舞”。如今看来，这恐怕就是最早时期的“武术”。

不过，在春秋战国时期，甚至到秦汉时期，一直也没有出现“武术”这个称谓，直到魏晋时，陈寿在《三国志》中用了“武艺”这个词，它是对当时所有武技的一种概括。

那么，真正的“武术”又是从什么时候出现的呢？

南朝梁武帝的长子萧统所编的《文选》中有这样的诗句“偃闭武术，阐扬文令”，意思是说，停止战争吧，来发扬文教政令。终于，人们在这里看到了“武术”这个词！随着战争的频发以及社会的不断进步，渐渐出现了像手战、击剑、角力、手搏这些词语，人们把这些活动统称为“武术”。

在武术活动中，并不是所有的战斗都只是徒手肉搏，更多的是要借助工具，形成了传统器械武术和传统徒手武术两个大类。

尤其是上古时期，传说在黄帝和蚩尤生活的年代，部落和部落之间总是发生一些激烈的战争，为此，他们逐渐发明出了像弓、剑这样的兵器。

《周易·系辞传下》中称黄帝、尧、舜“弦木为弧，剡木为矢，弧矢之利，以威天下”。这就是我们常说的弓箭。《孙膑兵法·势备》：“黄帝作剑，以阵象之。”可见除了弓箭，黄帝还专门制作了剑。可以说，原始社会的战争促进了兵器的发展，一些相关记载也保留了下来。

比方说《山海经·大荒北经》：“蚩尤作兵伐黄帝。”《皇朝经世文三编》：“蚩尤受庐山之金而作五兵。”据《世本》记载：“蚩尤作五兵，戈、矛、戟、酋矛、夷矛。”

兵器的制作让人们看到了优势，尤其是在战争时表现得更加明显。春秋战国时期，像剑、戈、矛、戟、弓、矢都已经发展成重要的兵器。到了宋代，更是出现了“十八般武艺”，代表了真正的武术器械的出现。

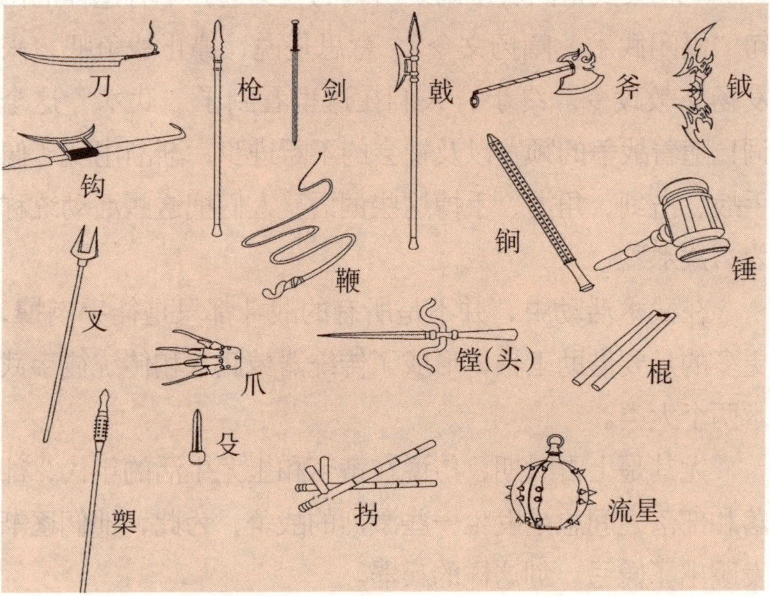

十八般武艺所用兵器

作为中华民族炎黄子孙的生存技能，中国传统武术伴随着中国历史与文明发展，走过了几千年的风雨历程，发展到今天，武术在人们心目中的作用已经发生了很大的变化。从前的武术是为了战争，而今天的武术则是为了锻炼身体。

如果你喜欢，也可以学习两招，再给大家表演哦！

13 武术牛人在这里

不管是在文学作品中还是在影视剧作中，我们都能认识一些“武林高手”，尤其是近几年火爆的仙侠类影视剧中出现的角色，他们不但武功高强而且相貌俊朗，看得人心潮澎湃。

很多人都十分重视武术，毕竟武术既能用来防身，又能给人带来快乐和健康。比方说：春秋战国时期，各诸侯国都很重视格斗技术在战场上的运用；齐桓公举行春秋两季的“角试”来选拔天下英雄；秦汉时期，盛行角力、击剑，有宴乐兴舞的习俗；鸿门宴中出现了项庄舞剑。

他们虽然重视武术，却算不上武术高手，那么我们现在就来细数一下武术高手都有谁！

《五禽戏》

华佗，你一定会惊讶地说："他不是神医吗？"他是神医没错，但他还是个不折不扣的武术高手。他能够模仿虎、鹿、熊、猿、鸟，还专门发明出了一种武术技巧叫五禽戏。事实上，这五禽戏就是象形拳的前身，换句话说，有了五禽戏后才渐渐出现了像猴拳、鹰爪拳、蛇拳、螳螂拳等，由此可见，华佗的武学功底实在是高啊！

第二位是赵匡胤，他不仅武艺高强，还行侠仗义，扶危济困，展现了武术家的高尚品质。在这里，我们就不能不提"宋太祖三十二势长拳"了。据说这是宋太祖赵匡胤创造出来的，至于当时的确切情形我们已经无从考证了，但是可以肯定的是，宋太祖的拳法，至少在明代之前是大放异彩的。

第三位是辛弃疾，我们都知道辛弃疾是一位才华横溢的词人，却很少有人知道他还是一位武术高手。事实上，辛弃疾从很小的时候就拜师学武，为了练习腿力，他做了很多沙袋，经常背着沙袋登山。从军之后，他也没放弃自己对武术的热爱，每天早晨都要练习举石担、舞剑、射箭这些项目，据说他的力气大得惊人，他拉的弓箭要三个士兵一起才能拉得开呢！

第四位是岳飞。他是我国历史上著名的民族英雄，据载，岳飞可以"挽弓三百斤，弩八石，能左右射"。一次，岳飞面对敌方的进攻，当时敌方兵马足足有五十万，而岳飞的部下却只有八百，士兵们都很害怕，但是岳飞不怕，他带领队伍冲出敌阵。

中国武术自诞生以来，一直深受人们的喜爱，除了上面我们提到的几位，还有很多，比方说清朝末年的武学大师霍元甲，家传武艺迷踪拳独步天下；还有同一时期的洪拳大师黄飞鸿，他是岭南武术界的一代宗师。

黄飞鸿

虽然现在我们身边学习武术的人和从前相比少了很多，但是真正热爱武术的人从来都不会放弃学习，一招一式都是热爱，每一颗足够热爱的种子，经过坚持总会结出果实。

如果你也有你的热爱，那么就请继续坚持吧！

14 棋类中的“黑白双煞”

要说棋类中策略性强的游戏，那必须是围棋。围棋不但是古人超级喜爱的娱乐竞技活动，还是人类历史上一种悠久的游戏。

围棋

围棋在整个古代棋类中可以说是棋之鼻祖，相传已有4000多年的历史。几千年来，它长盛不衰，而且逐渐发展成为一种国际化的娱乐活动。

在古代，围棋并不叫围棋，而叫弈。关于它的起源，已不可考，张华在《博物志》中说：“舜以子商均愚，故作围棋以教之。”如果此言可信，那么围棋至少在舜时已出现了。

《左传·襄公二十五年》中曾记载过这样一件事：在公元前559年，卫国的国君献公被卫国大夫宁殖等人驱逐出国。后来，宁殖的儿子又答应把卫献公迎回来。文子听说后感叹宁氏的做法反复无常，说道："弈者举棋不定，不胜其耦。"

到了南北朝时期，那些文人墨客崇尚恬淡风雅的生活，所以下棋就成了首选。不过在那个时候，下围棋还被称为手谈。人们重视手谈几乎到了很多事情都要用手谈来衡量的地步。比方说以棋设官，谁的棋艺高超，谁就可以争夺官位。

到了唐宋时期，由于皇帝对围棋的喜爱，以至于把围棋推向了全国各地。围棋的"身价"也是直线上升，与弹琴、写诗、绘画被人们称为风雅之事。

如果有机会，你一定要找来《仕女弈棋图》绢画看一看，上面描绘的正是当时贵族妇女下围棋的情景。

《仕女弈棋图》

中国古代的围棋棋手共分为九个品级，有了更高的身份，自然也就有了更大的作用。

这不，唐代时就出现了一种叫“棋待诏”的制度，简单地说，就是翰林院中设立了一些专门陪皇帝下棋的专业棋手。这些“棋待诏”都是从众多会下棋的人中经过严格考核后选拔出来的，那棋艺都是超一流的，所以人们还送给他们一个外号叫“国手”。

到了明清时期，围棋开始分成了三大流派。虽然他们的风格各不相同，但都是当时棋艺的代表，在他们的带动下，涌现出了一大批巷子里的围棋高手，而且他们还常常举办民间的围棋比赛活动。

围棋的兴盛给人们带来的不只有娱乐，还有智慧。那些棋艺家们纷纷开始编写棋谱，比方说《三才图会棋谱》《仙机武库》及《弈史》，如今看来，这些都是古人留给我们的无价之宝，尤其是过柏龄所著的《四子谱》二卷，更是堪称杰作。

围棋，一白一黑，两人对坐，表面看是一种博弈，其实也是一种交流，如果有时间，静下心来，与好友下上一盘，真是生活中的美事！

15 文人中的围棋高手

在中国历史上，上至帝王将相，下至庶民百姓，无不对围棋表现出浓厚的兴趣，陶醉于黑与白的特殊世界。

我们今天必须要提的，那就是围棋与文士之间的特殊关系。不知从什么时候起，棋类便和文人打上了交道，大概是因为他们有共同的气质吧！

明代郎瑛在《七修类稿》中说，“骚人墨客，多能手谈”。

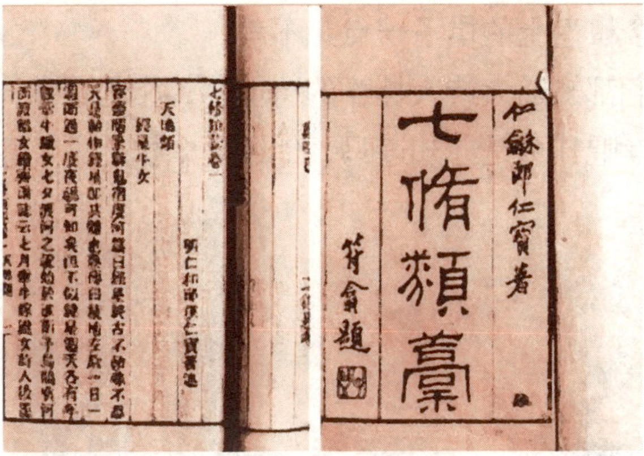

《七修类稿》

这一点，在很多诗歌中都能体现出来。南北朝时期，沈约所撰《棋品序》中说，“汉魏名贤，高品间出”，意思是说，在汉魏时期，那些文人墨客、名流雅士们不但深深地喜爱围棋，而且中间还有很多围棋高手。比方说班固，他既是一个大学者，也是围棋界的佼佼者，这还不算，他还有与围棋相关的著作传世。另外，文学史上著名的“建安七子”，他们个个都是围棋迷，尤其是王粲，绝对称得上棋艺精湛，《弈旦评》甚至直接称他为“弈中神人”。

《三国志·王粲传》中记载，有一次，王粲站在一旁看别人下棋，不知怎么的，下棋的人一不小心把棋盘上的棋子搞乱了。就在下棋人不知该如何是好的时候，王粲凭借自己对棋子的记忆，直接把棋子重新摆好了，令下棋人目瞪口呆。

不过，他们又对王粲的摆放提出了质疑，于是用布把整个棋盘盖了起来，让王粲另外再摆一盘出来，当布揭开时，两个棋盘上的棋子一点儿不差！

我们都知道大诗人杜牧的诗很棒，相信很多同学都是他的粉丝吧！可是你知道吗，他还是个棋艺高手呢！

古人山中对弈

在说杜牧之前，先来认识一个人，他就是杜牧的棋友王逢。王逢是唐武宗、唐宣宗年间的围棋国手，用杜牧的话说是“绝艺如君天下少”。当年为了送别王逢，杜牧还专门作了一首诗《送国棋王逢》，诗中开篇就点明了友人下棋的水平高于自己，“玉子纹楸一路饶”；“浮生七十更万日，与子期于局上销”，这两句是以余生相期作诗歌的结尾，意思是从现在起到七十岁的一万多天，期待能与王逢一起下棋。

明代文人李东阳不但在文坛上赫赫有名，棋艺之高也令人赞叹。冯元仲在《弈旦评》中称他与杨文襄、乔庄简的围棋水平为“士大夫之冠军”。

要说文人墨客中的围棋高手，真是数不胜数，而且他们的棋德也被记录在古文中，流传最广的就是那句“观棋不语真君子，落子无悔大丈夫”。不光是在下棋上，生活中遇到事情，我们也不能“举棋不定”，要做到“落子无悔”，既然做了，就努力把事情做好，而不是在原地犹豫。既然选择了方向，又何必再去张望！

16 小棋盘 大世界

要说下围棋，似乎只有头脑灵光的人才能下好棋，毕竟和其他棋类相比，围棋要复杂多了。不过，这大概也就是人们迷恋围棋的原因吧，没办法，越是有难度，就越有魅力！

最初人们发明创造围棋并不是凭空臆想出来的，而是与天地之间的关系有着紧密的联系。

先来了解 下世界上古老的棋盘是啥样的！

1952年，考古工作者在河北望都一号东汉墓中发现了一件宝贝，那就是石质围棋盘。这个棋盘是正方形的，下面还有四只脚，棋盘上面纵横各17道。

石质围棋盘

人们发现，这其实和汉魏之间几百年的频繁战争有联系，而围棋之战，也就成了培养军事人才的重要工具。比方说，东汉的马融在《围棋赋》中就把围棋视为小型战场，把围棋的棋子当作一个个士兵，而下棋就是用兵作战，正所谓“三尺之局兮，为战斗场；陈聚士卒兮，两敌相当”。

在我国的围棋史上，棋盘发生过一次重大的变化，那就是在魏晋南北朝前后，邯郸淳的《艺经》上说，魏晋及其以前的“棋局纵横十七道，合二百八十九道，白、黑棋子各一百五十枚”。

南北朝时期的《棋经》却载明当时的围棋棋局是“三百六十一道，仿周天之度数”，表明这时已流行19道的围棋了。这与现在的棋局形制完全相同。“三百六十一道，仿周天之度数”意思是说，棋盘上共有三百六十一个交叉点，基本符合一年的天数。接下来，再以天元为基点，可把棋盘分为四个部分，分别寓意着春夏秋冬四个季节。

再来看棋型，如果你足够细心，会发现棋型变化多端，有“双飞燕”形的，有“猴子脸”形的……实际上，这是在与大自然相联系。

很多学者还认为，围棋其实和《周易》有着紧密的联系，古人认为“天圆地方，天动地静”。想想看，棋盘是方的，自然是象征着大地，而棋子是圆形的，象征着苍天。当棋手把圆圆的棋子摆到方方的棋盘上，这就是“天圆地方”的完美结合了。

了解了这些，我还要告诉你，下围棋还有一个很重要的规矩，那就是“黑先白后”，这又是为什么呢?

棋子

这得分几种情况来详细说，如果双方一方强一方弱的话，那么就可以让弱的一方拿黑子了，这就是“执黑子为敬”。当然，如果你想主动拿黑子也是可以的，你拿起黑子就表示你向对方表明，我棋力比较差，所以我拿黑子。

上面这些情况只是基于双方都不是很在意输赢胜负的情况下，如果是在真正的赛场上，谁拿黑子谁拿白子，可就不是那么随意的了。

小时候，我们对世界充满了好奇，长大后，我们也应该养成常问“为什么”的习惯，很多事物只看表面是不够的，一定要研究一下它背后的故事才行哦!

17 扛鼎是举重吗

在体育赛事中，有一项很有趣的比赛，比谁的力气更大。你猜到这是什么比赛了吗？没错，这就是举重。

举重是一项历史悠久的运动，形式看似简单，运动员要完成两个举重动作：抓举和挺举。就是用双手把杠铃举过头顶，然后保持一定时间，那么谁举起的杠铃重量大谁就获胜了。

举重

一直以来，人们都是很重视这项运动的，男子举重早在第一届奥林匹克运动会中便被列为正式的项目。

这样看来，举重可以算得上是一项相当古老的运动，可是你有没有想过，这项运动最初是怎么诞生的呢？人们比力量大小的目的又是什么呢？

其实，这项运动和古代人们的生活联系很紧密。在那个物质并不发达的年代，这项运动恐怕是最简单却最能锻炼体质、展现人类力量美的运动了。但我要说的是，在古代，虽然已经有了举重这项运动，但是那些运动员所举的重物并不是现在你常见的杠铃哦，今天让我们来了解一下扛鼎。

咦，不对吧，鼎不是古代的炊具，最早是用来烹煮食物或在祭祀活动中盛放祭品的吗？

你想得一点儿不错，我们这里所说的鼎正是曾经用来做烹饪、祭祀、礼器等用途的鼎！我们先来看看鼎到底长什么样：首先它是用青铜等金属铸成的，有的是圆形的，两只耳朵三只脚；还有一种是长方形的，这样的鼎有四只脚。被用作工艺品的鼎常被摆放在宫殿前，重量可有1000多斤呢！

现在你知道为什么我们常常用“扛鼎之作”来形容花大力气完成的影响大、意义深远的作品了吧！

古人扛鼎，主要有两种方法：一种是单手举，一种是双手举。单手举呢，就是用一只手抓住鼎的一只脚，把它举起来；双手举，就是用双手抓住鼎的双耳，把鼎翻过来，使鼎脚朝天，然后举过头顶。

扛鼎

战国时候，很多人都喜欢扛鼎这项运动，这样自然就产生了很多的“大力士”。据《史记·秦本纪》记载，乌获、任鄙和孟说是秦时闻名于世的大力士，能把千钧之重的鼎举起来，因而得到秦武王的重用。

虽然扛鼎越来越受重视，但是要说真正流行起来，那得在汉代。张衡在《西京赋》中描述百戏场面时也说：“乌获扛鼎，都卢寻橦。”意思是说，乌获一般的大力士扛起铜鼎，都卢国来的杂技师表演寻橦。可见，在东汉时期，扛鼎是一种重要的百戏表演项目。

但是到了唐宋以后，随着举重器械的不断更新变化，比方说石担、石锁等已经逐渐诞生，所以，扛鼎便渐渐退出了历史舞台。

想要把千钧重的鼎举起来实在是太危险了，所以，没受过专门训练的人尽量不要轻易去尝试，如果实在想要和朋友比试一下力气的大小，那不妨一起掰个手腕吧！

18 古代的“花样”举重

现在，你是不是已经了解古代举重了呢？关于举重，还有很多很多的知识呢，从古至今，举重举的可不都是鼎和杠铃，还有城门的门闩和石头呢！

拓关是啥？简单来说，是举门闩练臂力，它是中国古代一项特殊的举重运动，当时主要在军队中比较流行，经常拓举门闩是很能锻炼士兵们的臂力的，经过这样的训练，打起仗来可就厉害多了。

举门闩

《列子 · 说符》中说：“孔子之劲能拓国门之关。”意思是说，孔子劲儿很大，能把国门的门闩举起来。当时的国门门闩有多重呢？我们都知道，孔子所处的那个时期，战争频发，各诸侯国之间都建起又高又厚的城墙来抵御敌人。当然，这样的城墙必然要配上足够分量的城门才行，所以，城门也是建得宽厚无比。用来锁门的木头自然也是又大又长，当时用的门闩有四五丈长。举起又长又重的大木栓是多么了不起的事情啊！

我们刚刚说了，在那个特殊的年代，士兵们锻炼臂力是非常必要的，尤其当时的皇帝对这件事是非常重视的。据说，唐太宗李世民在选拔“飞骑”军的时候，就明确要求参选的人必须能一口气连着拓关五次！

这还不算，《新唐书·选举志》记载，武则天更是直接把拓关这件事作为武举考试科目，就跟你考跑步和跳远一样，要想过关，你还得考拓关，考验臂力。

需要注意的是，这里对拓关的考试规定是相当严格的，所用的门闩必须满足这个要求：长要达到1丈七尺，大概5米长，直径要达到三寸半，也就是10厘米左右。必须连续举起十次，而且举起后，手离门闩的末端不能超过一尺。

唐宋时期，人们发现拓关、扛鼎都不是很划算，或者说成本较高，尤其鼎曾经还是一种炊具，举起来实在不雅观，所以，人们就把目光锁定在了石担、石锁这类石头制品上。

举石担、石锁

如果你去过西藏的布达拉宫，那么你一定见过这样的壁画，六个人参加举石比赛，其中一个人把石头扛在肩上，面露喜悦，显然他就是举石比赛的胜利者。

这样的活动在藏区有着很悠久的历史，即使到了现在，8月里的望果节，仍然可以看到举石比赛。

不过，上面我们提到的比赛无论多么严格，都无法和奥运会这样的赛事相比，可以说发展到今天，这项竞技已经是相当成熟了。

比方说，现代的举重运动都采用了重量比较精准的新材料杠铃，而且在比赛之前，都会有一套科学的训练方法，比赛中的规则也是非常精细，而这些恐怕是我们古代举重所不具备的。事物总是一点一点向着更美好的方向发展，就像你脑海里储存的知识一样，一点一点积累，总有一天，你的大脑会变成一个知识宝库的！

19 中国古代的大力士

在阅读小说的时候，常常能读到关于大力士的故事。

《歙州图经》中就有关于大力士的相关记载。在唐德宗时期，绩溪县太微村有一个叫汪节的大力士，他很喜欢练武，所以经常在京城长安的渭桥下锻炼。

桥下练武

一天，他和别人打赌说自己能把桥下那只上千斤重的石狮子举起来。别人不信，在众目睽睽之下，这个汪节不但把石狮子给举了起来，他还把石狮子直接抛出去一丈多远，看得众人瞠目结舌。

这还没完，当大伙准备把大石狮子回归到原位时，却遇到了难题。十多个膀大腰圆的小伙子一起抬石狮子，那石狮子却纹丝不动。无奈，大家只好又请汪节把石狮子搬了回来，这下，人们可知道什么叫力大无比了！

事实上，在夏、商、周时代，人们就已经很注重力量的大小了，文献里曾有这样的描述：夏桀“有才力，能伸钩索铁，手搏熊虎”；殷纣“能倒曳九牛，扶梁换柱”；有穷氏国君寒浞的儿子寒浇能“陆地行舟”。

在秦国时，也有一个大力士，那就是国君武王。武王年轻好胜，他不同于其他国君，而是喜欢随着部队四处征战。有一次，部队来到一座宗庙，里面摆放着许多大鼎，武王一时兴起，就决定和孟说举行一场举鼎大赛。士兵们围成圈观看。只见武王弓着两腿，两手抓住一只大鼎，拼命向上举起。结果，那大鼎实在太重了，武王两手一抖，大鼎直接从上面砸下来，砸断了武王的膝盖骨，最终，武王因失血过多而身亡。

按说这事儿和孟说也没啥关系，毕竟是武王要求一起比赛，可是你知道在那个封建社会，就有一项法律，不能谏止国君，导君致死，就是大逆不道。可怜的孟说一大家子都被杀了。

这算得上是举重比赛中比较凄惨的事件了！

《御史台记》中说，有个叫彭博通的人，他不但是个大力士，还是个平衡高手，为什么这么说呢？据说他能用两只手托起两张桌子，在桌子上摆满了酒菜盘碟，他就这样举着桌子来来回回上下台阶，但是桌子上的酒菜“略无倾泻”，是不是很精彩？

再来看个“陆地行舟”的故事吧！《北梦琐言》记载，唐僖宗时，四川绵竹县有个王生，力大无比，能一个人拖走一条船。

注意，这可不是一条空船，上面还有十二个人在跳舞哦！一直到舞蹈结束，王生才把船停下来，人们看他“略无倦容”，就像什么事都没发生一样，这样的大力士实在应记入史册呀！

“陆地行舟”

其实，这样的大力士还有很多很多，尤其是在战争频发的冷兵器时代，人们特别看重力量的大小，通过各种方式选拔出了各路能人。

即使是在今天，力气大对我们的生活也是有帮助的，所以经常锻炼身体还是很有必要的，毕竟，没有人生来就是大力士，还是要靠日复一日的锻炼才行，你说是吧！

20 从“牵钩”到“拔河”

一条大绳，中间系着红丝巾，两侧站着同等数量的同学，大家把手中的绳子往自家的方向拔，如果你是一个小胖墩，那么在这项活动中你一定是大家眼中的宝贝了！好吧，这就是大家都很熟悉的拔河啦！

古人拔河

在古代，拔河又被称为“牵钩”“强钩”。拔河虽然是一种民间的娱乐活动，但是在春秋战国时期就已经存在了。你有没有想过，拔河最初是用来干吗的呢？最初拔河的产生其实是与古时候人们在水乡拉纤和水军操练有关。具体来说，在春秋时期，楚国在攻打吴国之前，采用一种特殊的锻炼士兵的方式，那就是“牵钩”。不过，这里的牵钩可不是我们今天看到的麻绳，而是用竹皮制作而成的竹索哦！最初，拔河使用的是“篾缆”，后来改为大麻绳。那么，这种东西在战争中到底有啥用呢？

事实上，在两军进行水战的时候，用一种一端带钩子的拖绳，可以很灵巧地钩住对方的船只，就像一只手死死地拽住对方的船，这样一来，就可以起到阻挡对方的作用，战争自然也就很容易获得胜利了。

想象一下，当牵钩拉住对方的船，而你把牵钩往回拉的过程是不是有点儿像拔河呢？

没错，拔河就是在这样的军事训练中一点一点演变过来的，最后脱离了军事训练，成为一种民间的体育活动。

拔河最受欢迎那得说是在唐朝时，封演在《封氏闻见记》中就有这样的记载：“古用篾缆，今民则以大麻絙，长四五十丈，两头分系小索数百条挂于前，分二朋，两相齐挽。当大絙之中，立大旗为界，震鼓叫噪，使相牵引。以却者为胜，就者为输。”可以说，这是古时候比较完整的拔河场景描述了。

可是你知道吗？还有一次不能不提的声势浩大的拔河比赛呢！《唐语林》记载，唐开元年间，唐玄宗多次在皇宫设拔河比赛，其中一次有上千人参加，还特地邀请各国使节前来观看。拔河比赛现场，可以说是锣鼓喧天，壮观无比。大臣张说就曾用“长绳系日住，贯索挽河流”的诗句来描绘这次拔河的盛况。这是一场紧张激烈、扣人心弦的比赛，纵观历史都是比较罕见的。

唐玄宗时期，进士薛胜就是因为目睹了这场声势浩大的千人拔河比赛，直接文兴大发，写下有名的《拔河赋》。

这就是娱乐感十足的拔河比赛，还曾经出现在奥运会的比赛现场。自1900年起连续举行过五次。后来国际奥委会考虑到拔河比赛规则不完善等原因，取消了拔河参加奥运会的资格。

拔河比赛

虽然这样说起来多少有点儿遗憾，但是令人欣慰的是，这项竞技直到今天还经常出现在我们面前，只要你愿意，约上三五个好友，就可以组织一场比赛。在力量的抗衡中收获喜悦，实在是难得的活动！

21 宫女大臣也爱拔河

拔河并不像打马球那样麻烦，拔河比赛只要有一个足够大的场地，再加上一条绳子就可以了。拔河用的麻绳长度足足有150米左右，大绳的中间立上大旗作为界限，两边的队伍使劲儿向自己队伍的方向牵引，“以却者为胜，就者为输”。

在过去，人们喜爱拔河不仅是因为拔河很过瘾，更重要的是把拔河看作一项充满神奇魔力的运动项目，可以祈求丰年。

传说在唐中宗时期，举行过一场相当随性的拔河比赛。当时，正好赶上朝廷大臣们进宫，唐中宗李显一看，人足够多，来一场拔河比赛岂不更好！于是，立即下令文武百官三品以上的大臣们分成两队进行拔河比赛，以此来祈求风调雨顺。

大臣们的拔河比赛

据说，当时唐中宗的韦后当场指定：中书门下省萧至忠、韦巨源、唐休璟三位大臣和五位将军为西队，尚书省七位大臣及两位驸马为东队。数数看，西队是8个人，而东队是9个人！重点是，中书令萧至忠一看，西队里的人大多是六七十岁的老者，这样怎么能赢得比赛呢？于是，他立刻向皇上请旨重新分配。

有人建议应该让安乐公主的丈夫武延秀去西队，结果，安乐公主护夫心切，因为驸马武延秀在实力比较强的东队，便抢先表态，死活不肯变动。皇上爱女心切，自然就依着女儿了，于是一场极其不公平的拔河比赛开始了。

几位六七十岁的大臣尽管力气小，但也使出了全力的，在被对方拉过线的时候，纷纷随着绳子摔倒在地，因为年龄大，可怜的大臣们在地上趴了好久都站不起来。

传说在唐中宗登基之前，曾经两次被贬到均州和房州，巧合的是，这两个地方的人们都喜欢玩拔河游戏，唐中宗心情不愉悦的时候就经常到户外观看数百人举行的拔河比赛，时间一长，他就深深地爱上了这项活动。

他登基之后，就经常组织宫女们进行拔河比赛，这在宫中简直成了一道亮丽的风景线。

宫女们的拔河比赛

除了唐中宗，唐玄宗也是拔河的忠实粉丝，他不但经常举办拔河比赛，甚至还专门写了一首名为《观拔河俗戏》的诗。

从很多文献的记载中我们都能看出，拔河很多时候是在春天进行的，目的是祈求风调雨顺。拔河的本义当是挽拔“天河”使之倒灌，这也许是“拔河”名称的真谛所在吧！

古人是多么智慧呀！总是能把心中的祈盼和身边的事物紧密联系，这气势恢宏的拔河游戏总能给人们带来美好的感受！

22 投壶游戏这样玩

生活中，当我们和朋友相聚时，除了吃吃饭、聊聊天，似乎就只剩下玩游戏了。可是你知道吗，在古代，人们聚会时玩的花样可多啦！在春秋战国时期，主人在宴请宾客时，席间除了吃喝，还要请客人们射箭取乐。

席间投壶

那个时候人们是很注重射箭能力的，一旦主人邀请你来射箭，作为客人，你是很难推辞的。可事实上，就是有很多人不会射箭，那怎么办呢？于是，人们渐渐发明了一种游戏叫投壶，就是直接用手把箭投到壶里。

宴席开始之前，主人会准备一个壶放在场地一侧，然后在宴席开始，人们渐渐进入状态之后，游戏也就开始了，由主人邀请客人把箭投入壶中，如果谁没能把箭投入壶中，那么很遗憾，要被罚酒。

投壶虽然从最初的礼仪演变成了娱乐游戏，但它始终伴随着一整套烦琐的礼节，现在就来感受一下投壶游戏的现场吧！

首先，宾客和主人就位，投壶游戏开始。

然后，要遵守“三请三让”规则，主人拿着箭到宾客面前，邀请宾客投壶，这个时候宾客是不可以立即答应的，而是表示已经享用了美酒佳肴，不敢再接受游戏的邀请；主人再来邀请宾客，宾客再致谢推辞；主人再邀请，宾客说：“某固辞不得命，敢不敬从？”然后接过主人手中的箭，主人答谢，两个人互相行礼，然后回到自己的座位坐好，宾客做好投壶准备。

比赛开始，主人宣布乐工演奏《狸首》，也就是说，投壶是要伴着音乐的，投壶的动作还要和节奏和谐搭配。这样宾主依次投壶，把总共八支箭全部投完，才算是一局游戏的结束。

在《左传》中记载着晋昭公大宴诸国君主，举行投壶游戏的事，可见在当时投壶游戏还是很受大家欢迎的！

战国时期，投壶更是有了很大的发展，当时的文人们很注重内心的修养，投壶又刚好是一项很从容、讲究礼节的活动，这样一来，就非常适合文人雅士们来玩耍了。

秦汉以后，这项活动在士大夫阶层兴盛起来，每每有宴饮的场合，就必然有“雅歌投壶”的节目来助兴。

需要注意的是，这项游戏并不是一成不变的，人们渐渐不满足投壶过于固定的形式了，而是添加了很多条件，产生了很多新的名目。比方说，有的人就创造出了像屏风盲投、背坐反投这些高难度投壶游戏，这样一来，乐趣可就更多了。

投壶比赛

除此之外，在计分的方法和要求上也变得更加严苛。司马光就曾在《投壶新格》一书中详细记载了壶具的尺寸、投箭的名目和计分方法。

遗憾的是，宋朝以后，投壶游戏逐渐衰落下去，不再像汉唐那样盛行了。大概是人们发明了新游戏的缘故吧！

虽然现在投壶游戏不常见了，但是它在古代留下了浓墨重彩的一笔。我们期待着，投壶游戏也有流行复古的一天！

23 古人如何行酒令

酒令最初是随着酒礼逐渐产生的，它是一种喝酒时的互动游戏，是专门用来助兴的，有了酒令，喝酒的氛围可就变得更加欢乐热闹了。

酒令中的“令”，也就是“命令”中的“令”，意思是说，在场的人都要严格按照游戏规则来喝酒、细品，有那么一点儿强制和约束的意思，因为只有这样，才能保证大家都能有序地按照规定来进行。

行酒令

这样轮流喝酒，万一有不胜酒力的怎么办呢？

别担心，在行酒令之前，其实就已经按照大家的酒量来调解喝酒的多与少了，这样才能保证每个人喝酒的机会均等。

其实酒令在春秋战国的时候就已经出现，到了南北朝时期，更是发展成为一种让人终日难忘的群力游戏。甚至，还有人就是借助喝酒创作出很多旷世奇作来呢！据说，王羲之曾经和一群好友在兰亭清溪旁边即兴饮酒赋诗，结果喝着喝着，才思泉涌，写出了著名的《兰亭集序》。

不光是王羲之，杜甫在《饮中八仙歌》中称“李白斗酒诗百篇”，用以描述李白酒兴过后诗情横溢。

当时还有一种酒令形式“竹制筹令”，就是把竹签当作酒筹，在上面写上酒令的要求，比方作诗、作对、饮酒等，然后不管谁抽到了，都要按照签子上的要求去做。

白居易还曾经为这种酒令写过诗句：“花时同醉破春愁，醉折花枝当酒筹。”

到了宋代，酒筹就从竹签变成了纸片，在纸上写上要求，类似于灯谜、字谜等，抓到了酒筹，如果不能按照上面的要求去完成，或者干脆做不出的话，那么很遗憾，就要按照要求罚上几杯了！由谁来罚呢？这就不得不提到一个人，也就是酒令中的裁判，被大家叫作酒监的人，他统管整个宴饮中的一切事物，尤其要对游戏的公平性把关。

除了上面说到的酒令，下面这个用来调动宴饮气氛的环节是不能不提的，那就是划拳，你可能没玩过，但肯定在电视剧中都看过，对吧？

划拳比赛

划拳呢，在古时候称为“豁拳”。《新五代史·史弘肇传》记载：“他日会饮章第，酒酣，为手势令。”其中，“手势令”就是“豁拳”。

游戏规则是两个人同时出拳伸手指叫数，必须保证嘴里喊出来的数和伸出手指的总数是相符的，谁先喊对可免于喝酒。

不管是饮酒作诗也好，划拳罚酒也罢，目的只有一个，那就是为宴饮助兴。作为学生，我们绝不能饮酒，但是我们可以别出心裁，在和亲人朋友聚餐时，也制定出一些规则，谁来吃第一口、谁不能吃螃蟹等，都可以通过一些有趣的游戏来约定。

24 马走日，象走田

常常能看到几位爷爷围着一个象棋盘在下棋，旁边还有人聚精会神地观战。

象棋

在很久很久以前，有一种古老的棋叫六博。《论语·阳货》里有这样的记载：“饱食终日，无所用心，难矣哉！不有博弈者乎？为之，犹贤乎已。”意思是说，孔子认为，在空闲时间玩一玩六博是有益身心健康的娱乐活动，总比待在那里无所事事要好。

其实，“象棋”这个词最早出现在战国时期，不过要说关于象棋的最早的记录，那得从《楚辞·招魂》说起：“菎蔽象棋，有六簙些。”这里说的“六簙”其实就是指“六博”，而“菎蔽象棋”也就是我们今天象棋的前身了。

从先秦到唐朝，诞生了很多种类似六博和象棋的博弈游戏项目，可以说，这一时期其实就是象棋的萌芽时期。由此可见，早在孔子时代，博弈就已经像我们今天玩滑板车一样普遍了。

在三国时期，象棋的形制不断地发生变化，直到唐代中期，象棋的模样才和今天的象棋靠拢。

《梁公九谏》中记载，有一天，武则天做了一个梦，梦见自己在和大罗天女下棋，结果，武则天棋技太差，输给了天女。醒来后，武则天心里直嘀咕，这梦到底是吉祥还是不吉祥呢？有人给她解梦说，不必思虑过多，夜里做梦下棋，其实就是平时玩棋玩得入迷造成的，武则天这才慢慢释怀了。

还有一个叫岑顺的人，他在一天晚上也做了一个梦，他梦见金象国和天那国两军交战，金象国请他去帮助抵抗天那国入侵。金象国的军师向国王汇报作战计划说："天马斜飞度三止，上将横行系四方。辎车直入无回翔，六甲次第不乖行。"岑顺醒来后，家人竟然在屋子里发掘出一座古墓来，古墓里"前有金床戏局，列马满枰，皆金铜成形"，岑顺这才发现，梦里那位将军所说的作战计划不过是下象棋时将、车、马、卒的步法，就跟我们常说的"马走日，象走田"是一样的路数。

明清时期，象棋有了很大的发展，还涌现出了不少象棋名手和论述象棋的专著。王再越的《梅花谱》是中国象棋史上一部具有划时代意义的棋谱，开创了迄今三百余年

“马炮争雄”的历史篇章。不仅如此，象棋著名的四大排局七星聚会、野马操田、千里独行和蚯蚓降龙也都是在清代完成的。可以说，清代是古代象棋发展理论和技术战术水平达到巅峰的历史阶段。

棋盘对弈

在中国古代，象棋被列为士大夫们的修身之艺，现在，则被视为一种有益身心的活动。

象棋不但可以开发智力，启迪思维，而且可以修身养性，陶冶情操，丰富文化生活，深受广大群众的喜爱。如果你也想在象棋的世界里占有一席之地，那么不妨带上象棋，走进街头巷尾，向那些高手们挑战吧！

25 象棋的生日之谜

我们都知道早在战国时代，象棋就已经成为比较常见的竞技活动了。

因此，有的学者认为，象棋产生的时间，当在战国之前。但“前”到什么时候呢？关于这个话题，众说纷纭，就像是一个一直不曾被解开的谜，带着这个谜，我们一起来试着寻找答案吧！

第一种说法起源于舜时期。传说舜的同父异母的弟弟叫象，象为人懒惰，好玩耍。现代学者常任侠在《中印艺术因缘》一书中说：“象因桀骜不驯，舜把他禁居起来，又恐他寂寞，所以为他制作棋局，使他有所娱乐。因其名象，故称象棋。”意思是说，象的个性太强，不听人劝，所以舜就把他关在屋子里，可是又担心象过得太寂寞了，所以专门为他制作了一副棋，这样一来，象就可以排遣寂寞。又因为这棋是专属于象，所以被人们称为“象棋”。

第二种说法起源于春秋时期。象棋的“象”，是“象征”的意思，跟我们认识的大象没有丝毫关系。

这里的象棋可能是模仿春秋时期的兵制而产生的。

仔细观察一下象棋棋子上面的字，你就会发现，象棋各子的名称正好与春秋时期的兵制，也就是将、帅、车、马、士、兵、卒等是相吻合的。

象棋棋子

至于为什么叫象棋，有学者认为这个时期的象棋棋子是象牙制成的，因此得名。

第二种说法起源于楚汉相争时期。

我们都知道，象棋的棋盘中间写着“楚河汉界”四个大字，因此许多人都认为这种说法比较可信。

还有一种说法——象棋是韩信发明的。

周家森在《象棋源流考》中说：“韩信伐赵时，作象棋和叶子戏以如士卒，因年终士卒思乡，一得博具，则相聚共戏，钱财输尽，乐而忘归。”意思是说，韩信伐赵时，因年末的时候，士兵们思乡严重，韩信为了解大家的思乡之愁，就做了象棋供士兵们玩，结果，一玩起象棋，士兵们就开心得不得了，钱财输光了不说，玩得高兴，连想家的事也忘到脑后了。

古代士兵下棋

除了上面这些，还有很多关于象棋的“起源说”，比方说起源于传说时代的黄帝时期，抑或起源于周武王伐纣时期，起源于传说时代的神农氏时期，或是起源于战国时期等。

而且，关于这些时期的起源说似乎都有相关的记载，并不是像神话故事一般留传下来的。

看着这些“起源说”，你也糊涂了是不是？

事实上，关于象棋源于何时的问题，史书中的记载还不够详细，而且其中混杂了许多神话和传说，很难辨别真假，所以一直也没能有一个明确的答案。

不过，如果你感兴趣的话，可以多研究象棋的前世今生，破解难题哦！

26 “楚河汉界”的诞生

现在，请你找来一个象棋棋盘，仔细观察一下，棋盘中央有一处空白，上面写着“楚河”“汉界”对不对？这是什么意思呢？“楚河汉界”又都在哪里呢？

据史料记载，“楚河汉界”在古代的荥阳（今河南）成皋一带，这个地方北临黄河，西依邙山，东连平原，南接嵩山，这样的地势，实在是难得的好位置。当然，这也就成了历代兵家的必争之地。

楚河汉界

而象棋棋盘上之所以出现“楚河汉界”，正与历史上的楚汉之争有关。

早在公元前203年，刘邦出兵攻打楚国，楚国处于劣势，当时负责带兵的项羽就不得已和刘邦谈判，说要“中分天下，割鸿沟以西为汉，以东为楚”，于是就有了楚河汉界的说法。

这里的“鸿沟”又是指哪儿呢？故事还没完，现在，在荥阳广武山上还保留有两座遥遥相对的古城遗址，西边那座叫汉王城，东边的叫霸王城，这又是怎么回事呢？相传，这是当年刘邦和项羽筑成的。在两座城的中间，有一条大沟，这大沟足足有300米宽，现在你知道我们常说的“鸿沟”是从哪儿来的了吧！

早在2000多年前，楚霸王项羽和汉王刘邦把荥阳作为主战场，进行了一场长达4年的激烈战争，最终以荥阳的鸿沟为界，中分天下。

虽然当时的战争消失了，但是楚河汉界却永远定格在了象棋棋盘上，以此来表达象棋对弈的激烈程度，荥阳也因此被誉为“中国的象棋之都”。

棋盘上除了楚河汉界，最显眼的就是两侧底部中央的正方形部位了，它是用斜交叉线写成的“米”字方格，在专业术语里，因为它恰好有九个交叉点，所以被称为“九宫”，说白了，就是备战方的“中军帐”。

中军帐

了解了棋盘，再来看棋子。每个棋子就像战场上的将士，它们都有各自的职责和各自的行走路线。

帅（将），是棋中的首脑，不过它可不能冲到前方去打战，所以只能在九宫内活动。仕（士），它是帅（将）的贴身保镖，也只能在九宫内走动。相（象），只能在河界以内的本方阵地行走，不能过河，保护自己的帅（将）。车，威力很大，可以横扫整个棋盘。炮，象棋中唯一可以越子的棋子。马，斜着走一条对角线，一次可走的选择点可以达到四周的八个点，“八面威风”。兵（卒）：未过河前，只能向前走，过河以后，除不能后退外，允许左右移动，有“过河的卒子顶半个车”之说。

在下象棋之前，首先要记住这句口诀：马走日字象飞田，车走直路炮翻山。士走斜路护将边，小卒一去不复返。好了，掌握了基本的玩法，你可以约上几个“战友”，下上几局啦！

27 象棋界的“学霸”

就像同学里总能找出几个“学霸”一样，象棋界也有很多人是佼佼者。

琴棋书画

棋作为“琴棋书画”四大艺术之一，有它独特的魅力吸引着一代又一代人去挑战它。在这里，我们就不得不说说帝王将相、文人墨客和象棋的不解之缘了。

在唐代的时候，人们是十分重视弈棋的，重视到什么程度呢？这么说吧，你在朋友中受欢迎的程度那都是由你的弈棋水平来决定的！

人们之所以如此看重弈棋，主要是当时的皇帝们都是极其喜爱象棋的，比方说武则天还专门为象棋做过“广告”。除了皇帝，大诗人白居易对象棋也是极为喜爱的，不但棋艺高超，而且做人谦逊，他就曾因觉得自己下棋无敌可厌而发出过“棋罢嫌无敌，诗成愧在前”的感叹。

到了宋代，象棋依然炙手可热。

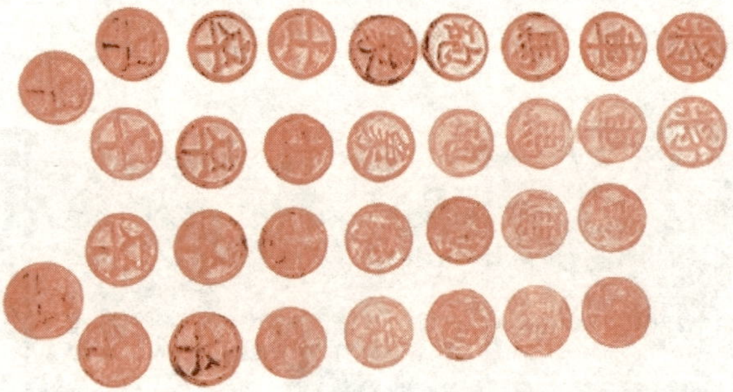

宋代铜质象棋

就拿宋朝的开国皇帝赵匡胤来说，妥妥的一个象棋迷。皇帝爱下象棋自然是人人都知道，不过有件事更让大家津津乐道，那就是赵匡胤下棋输华山的故事。

当时赵匡胤输了，但他没有霸道地使用手中的权力，而是信守承诺，将华山赏赐给陈抟，还“免华山附近黎庶之征徭”，意思是说，皇帝还直接给华山附近的百姓免除税赋徭役将近三百年。

在赵匡胤的影响下，宋代涌现出了一大批的象棋爱好者，像我们熟知的王安石、李清照，都是下棋高手呢！

更值得一提的是南宋时期的民族英雄文天祥。

说到文天祥，你肯定听过他的“人生自古谁无死？留取丹心照汗青”。

文天祥对象棋也是超级喜爱，一点儿都不亚于你对游戏的喜爱。他曾经很多次在诗歌中表达出自己对象棋的热爱，每逢生日，他都要和朋友下棋，就像你过生日吃蛋糕一样重要。

到了明代，象棋好像突然坐了冷板凳，这是因为明朝皇帝朱元璋是坚决反对下棋的，不过冷落只是一时的，明朝中叶以后，象棋研究和棋谱编制又进入了繁荣时期。

到了乾隆时期，象棋依然是人人喜欢的项目，乾隆皇帝虽然是个戏迷，可是只要摆上棋盘，他就不肯再去看戏了，可见他对象棋的兴趣有多浓厚。

从古至今，象棋的爱好者数不胜数，他们享受下棋的过程，以棋会友，陶冶情操，并不特别计较胜败！就像苏东坡描写的“胜固欣然，败亦可喜”。这才是象棋爱好者该有的精神！

28 冰上的“国际象棋”

从体育竞技项目来说，冰上运动并不少，但是其中有一项竞技却非常特别，说它特别是因为它既考验参赛者的体力又考验参赛者的脑力，取舍难断，动静结合。在1924年它正式作为表演项目被纳入第一届冬奥会，且被大家誉为冰上的“国际象棋”。

冰壶比赛

这就是冰壶，是一种冰上溜石运动，起源于苏格兰。冰壶的历史已经超过500年，翻阅相关记载，最早的记录是一群人在结冰的湖面或者是池塘上面玩滑石子比赛，但当时的比赛规则和现在的比赛规则是完全没办法比较的。

很多人都从电视转播中看到过冰壶比赛，但是很少有人知道它的比赛规则，什么情况下算得分，什么情况下算犯规，现在我们就来好好了解一下。

冰壶运动是两队一起参赛，每个队有四名运动员，大家轮流投石壶，原则是尽可能地让石壶接近比赛场地上的圆心营垒。

球员掷球时，身体要下蹲，蹬冰脚踏在起蹬器上用力向前蹬，使身体跪式向前滑行，手持石壶从本垒圆心推球至前卫线时，放开石壶，使石壶滑向营垒中心。

第一个投掷的选手是非常重要的，但是在投掷石壶时有一定的灵活性，既可以投到营垒中心占据重要位置，也可以投到有利于后面队员投掷的关键性位置。第二个队员要做到既可以进攻也可以防守。第三个登场的队员一般是副队长，也是整个比赛中非常重要的一环。其中担任队长的最后一个投掷，队长的投掷要讲究战略战术，对整场比赛的结果有很大的影响。每局结束后，比对方更接近营垒中心点的石壶数量即为该队得分。

比赛顺序我们了解了，那么在开始比赛时，要清楚投掷结果和得分之间的关系。首先，投掷选手必须在投掷线之前投掷石壶，只有石壶进入营垒或者压线才能计分，否则投壶无效不得分。

刷冰

这样看上去冰壶是一项很死板的竞技，其实冰壶最有趣的地方在于，并不是一次投壶之后直接决定比赛的胜负，而是有继续比赛的机会。投壶队员半蹲在冰面上进行滑行，同时用手中特制的冰刷刷冰面来控制投壶前进的方向。掷壶队员在力求将石壶滑向圆心的同时，也可在主力队员的指挥下用石壶将对方的石壶撞出营垒或将自己方的石壶撞向营垒圆心。

这样的比赛总共要进行10局，哪一方最后得分多，哪一方就获胜。一旦战平将进行加时赛，直到决出胜负。

事实上，想要赢得比赛并不容易，首先石壶都是由大理石制作而成的，重量可达20千克。这样的重量想要掌握石壶在冰面上的运行方向和速度是很难的。

我们中国接触冰壶的时间相对较晚，正式的冰壶队是在2003年成立的，通过外教的指导我们也取得了快速且巨大的进步，尤其是在2009年世锦赛上，中国女子冰壶夺得冠军，成为冰壶领域的佼佼者。

29 足球的乳名叫“蹴鞠”

如果你是一个男孩子，提起足球，那你一定兴奋得不得了！脚下带着黑白相间的足球在球场上肆意奔跑确实是一件很酷的事情，不过今天我们要说的却是足球的“前世今生”。

《史记·苏秦列传》中说：“临淄甚富而实，其民无不吹竽、鼓瑟……蹋鞠者。”

蹴鞠

这里的“蹋鞠”也就是蹴鞠，意思是用脚踢球，其实也就是今天足球运动的“前世”，不过，在当时足球可不是用来踢着玩儿的，而是被视作“治国习武”之道。

比方说，汉武帝刘彻把蹴鞠列为军事训练科目，也就是说，让士兵们以踢足球的方式来提高他们的身体素质和反应能力。

汉代时人们就很重视足球了，还有人专门研究蹴鞠这项运动，写出了一本专著叫《蹴鞠二十五篇》，这恐怕是世界上最早的一部体育专著了！

到了唐代，蹴鞠渐渐变了模样，比汉代时看起来更圆了，而且球中的空气更加充足。更重要的是，这时候已经出现了分队比赛！当然是比赛的形式远远没有现在那么复杂，只是设立一个球门，双方队员各站一侧，你一脚我一脚，谁射进球门的次数多，谁就获胜！

到了宋代，蹴鞠这项运动完全可以用“兴盛”来形容，上海博物馆里收藏着一幅《宋太祖蹴鞠图》，上面描绘的正是当时皇帝进行蹴鞠运动的场景。从图画上我们不难看出，这时候的蹴鞠已经告别了唐代时的粗糙，而是“密砌缝成，不露线角”，这还不算，制成的球还要满足“正重十二两”“碎凑十分圆”的要求，这种对球体制作的高要求，足以看出当时人们对蹴鞠这项运动的热爱。

可是从什么时候起蹴鞠就变得不被吹捧了呢？

这得说说努尔哈赤和皇太极，他们都被誉为“马上皇帝”。骑射在这个时候已经悄然诞生了，有了更加新鲜的运动项目，蹴鞠自然是要受到冷落了。

不管怎么说，在古代，蹴鞠还是红极一时的，这不单单体现在古代男子身上，还体现在女子身上，事实上，从汉朝开始，就已经有女足了。

女子蹴鞠

在一些汉代的壁画上，还保留着女子蹴鞠的场景。

在河南南阳中岳庙的壁画上，一个女子挽着高高的发髻，甩着长长的衣袖，在乐曲的伴奏下，两只脚各踢一球。蹴鞠与整个表演相得益彰，表演者更是活泼可爱、姿态优美。这个时候的蹴鞠娱乐虽然看上去更像是一种舞蹈或者说是一种技巧表演，但是既然能被刻画在石壁上，可见是多么受欢迎。

无论是男子蹴鞠还是女子蹴鞠，都能看出人们对这项运动的热爱，也正是这份热爱，才使得蹴鞠的模样越来越精致，玩法也是越来越巧妙。

下次，在中场休息时，可以把足球的“前世今生”给伙伴们讲一讲了。

30 古代足球的花样玩法

足球还能怎么玩儿？不就是踢吗？不对，在古代，人们玩足球的花样可多着呢！总结下来，大致可以分成下面几大类：

第一种玩法叫双球门蹋法。其实和现在的足球比赛很像，就是在球场的两端各设立一个球门，两队队员互攻球门，当然就是哪个队蹋进球门的次数更多，哪个队获胜。

古代足球比赛

第二种玩法叫单球门蹋法。这个玩法就有意思了，首先要在场地中央设置一个球门，注意，球门要用两个长竿做门柱，再在两个长竿中间连接一张网，这个时候，你会看到球网上方与两柱呈“U”型，有点像没有抻直的晾衣绳，这个“U”型区域就是得分区。

也就是说，双方队员分别站在球门的两侧，分别将球朝着得分区踢，哪个队把球从得分区踢到了对方的场地，哪个队就算得分，最后得分多的自然就是胜利的一方。

第三种玩法叫打球。这种玩法就比较复杂了，咱得慢慢说。打球从一人场到十人场总共有十种踢法。

先来看一人场踢法，就是一个人用身上的各个部位来控球，像头、肩、背、臀、胸、膝盖等，这个和现代的花样足球很像。

花样足球

再来看二人场，其实就是两个人相互传球进行花样表演，默契程度高又技术好的，就更容易胜出。

接下来的三人场到十人场其实和二人场一样，都是互相传球再进行花式踢球。

关于玩什么、怎么玩，古代人也算是绞尽脑汁，这不，他们还从蹴鞠中发明出一种石球。富察敦崇在其《燕京岁时记》中载：“十月以后，寒贱之子，琢石为球，以足蹴之，前后交击为胜。盖京师多寒，足指疲冻，儿童踢弄之，足以活血御寒，亦蹴鞠之类也。”可见，在当时人们已经知道踢球对身体有哪些好处了。

所谓石球，其实就是把石头琢成小球的模样，然后踢着玩。不过玩法和蹴鞠还是不太一样的。古时候，人们踢石球主要有两人踢和多人踢两种玩法。

据《帝京景物略》记载：“是月（十二月），小儿及贱闲人，以二石球置前，先一人踢一令远。一人随踢其一，再踢而及之，而中之，为胜。一踢即着焉，即过焉，与冉踢不及者，同为负也。再踢而过焉，则让先一人随踢之。”意思是说，先把两石球放在地上，由第一个人踢第一颗球，第二个人共踢两脚，但是要注意，踢第一脚时被踢的第二球，必须赶上第一球，但不能超过，更不许碰到第一球。踢第二脚时如果击中第一球，那么他就赢了。如果踢第一脚时超过或者碰上了第一球，那么算输；如果第二脚没能击中第一球，也算输。输球的人在下一次要把踢球的权力让给对方，再进行下一场。

事实上，哪一项运动都不容易，既要有力量上的控制，又要有技巧上的熟练，下次如果有机会和其他小朋友们竞技，你也可以好好和他们赛一场哦！

31 古代足球大明星

如果你足够喜欢足球，那么你心中一定藏着一个大明星，或者，每次看到激烈的足球竞赛，你一定会高兴得欢呼雀跃，这大概就是球迷的正常表现了。

蹴鞠球门

可是你知道吗，在古代，蹴鞠算得上是一项国家级的顶级赛事了，深受人们的喜爱，自然也是攒了一群忠实的球迷呢！

他们办球赛、请“外援”，还撰写踢球专业书籍。可以说他们对于蹴鞠的热爱，绝不亚于今天的我们对足球的疯狂。

《西京杂记》中记载：汉高祖刘邦做了皇帝后，就把他的父亲刘太公接到身边来享受生活，可奇怪的是，刘太公整天闷闷不乐的，难道这样的生活父亲还不满足吗？

刘邦派人去打听才知道，原来，父亲从前在老家的时候整日和朋友们踢球，可现如今住进皇宫里，所有的乐趣都一扫而光。

为了博父亲开心，刘邦立刻命人仿照家乡的原貌新建了一座城，还把父亲的老朋友们迁过来，这样一来，刘太公又可以和老朋友们在一起踢球了！

可见，刘太公是一枚妥妥的球迷了。更有趣的是，他的玄孙汉武帝刘彻也是个球迷。

据《汉书》记载，汉武帝找了一大群踢球高手，一有闲暇就组织大伙儿踢场对抗赛，偶尔还会跑到场上去踢几脚。

对了，他还为足球的发展开了先河，那就是请“外援”。据说当时有一个胡人俘虏，他身手灵活不说，球技了得，于是有人把他献给了汉武帝。这可把汉武帝高兴坏了，立刻把这个踢球高手留在了身边。这怕是人类踢球史上，最早引进的“外籍球员”了。

汉武帝为足球运动做出的贡献绝不是引进“外援”这么简单，他除了踢球、看球，还喜欢评球。他命人撰写了《蹴鞠二十五篇》，这是我国最早的一部体育专业书籍，也是世界上第一部足球专业书籍。

同时，它还成为指导汉武帝训练士兵的兵书，你想啊，踢足球既可以锻炼人的反应能力，又能锻炼腿部力量，这不正适合士兵们锻炼嘛！

所以，行军所到之处，大汉军队都会建立足球场来锻炼士兵、鼓舞士气。

皇帝观看球赛

能有一项爱好确实是件好事，像李白、杜甫、刘禹锡、王维、白居易，他们都是足球运动的忠实粉丝，但是他们在踢球的时候依然记得把主业放在首位，最终成为赫赫有名的大诗人。我们也应该向这些诗人学习，爱好固然重要，却不能丢了学习哦！

32 足球的亲戚——橄榄球

有一种球类运动，和足球有着不解之缘，它的名字叫拉格比足球，是在1823年起源于英国拉格比。拉格比是英国中部的一座城市，在这座城市里有一所学校，而拉格比足球正是诞生于这所学校。你能猜出这是什么球类运动吗？

橄榄球

在我国，因为它和橄榄的形状非常相似，所以人们叫它橄榄球。相信很多人都知道橄榄球，却搞不懂橄榄球和足球到底是什么关系。先来看一个非常有趣的故事吧！

相传在1823年的一天，拉格比学校正在举行一场激烈的足球比赛，其中有一个叫威廉·韦伯·埃利斯的学生因脚下一滑导致踢球失误，他为此感到十分懊恼，一气之下抱起脚下的足球疯狂地向对方的球门跑去。注意，这在足球场上是非常明显的犯规动作，不过这看似滑稽的比赛方式却引起了广大观众的兴趣。抱着足球冲向对方球门，这实在是有趣又充满斗志，于是，发展成为独立的运动项目，在后来的足球场上便常常能看到这一幕了，而且这种比赛方式很快传播开来。有一些热爱这项运动的人便开始研究，期待这种玩球方式能诞生出一种新的运动，便有了拉格比足球。

故事的真伪我们无从得知，但是可以肯定的是直至今天，在拉格比学校还竖立着一块石碑，纪念埃利斯的勇敢，甚至橄榄球世界杯的奖杯也是以埃利斯的名字命名的。

那么，橄榄球又是什么时候从足球模样变成橄榄模样的呢？

既然是一种新的衍生球类运动，自然就要有新的面貌，在人们还不知道应该用什么模样的球比较合适时，首先尝试使用的竟是猪的膀胱！没想到吧，其实猪的膀胱经过晾晒之后就能像气球一样被吹大，看上去是一个大大的椭圆形，这就使得在玩球的时候滚动性不那么强，而且滚动方向也不确定，所以更加增添了这项竞技的乐趣。但是这样制作的球实在太轻且容易破损，所以在1851年拉格比学校门口的一家皮鞋商别出心裁，用四块皮缝合起来制成了一个椭圆形的球，并送到伦敦博览会进行展示，当人们看到这个球的时候就认定这将是橄榄球的最终模样。

有了球自然就要研究比赛时的球场和比赛规则，英式橄榄球的比赛场地是一块长100米、宽70米的长方形草地，还会划分出各个区域。球门的设计也是非常有趣，呈一个大写的英文字母H形，在射门时，球必须要通过两个球门柱之间并且飞过横梁进球才算有效球。

橄榄球比赛

橄榄球的比赛方式吸引了很多球员，也传播到了世界各地，衍生出了各式橄榄球，比方说联盟式橄榄球、美式足球、加式足球、澳式足球等，成为一种世界性的运动。1900年，英式橄榄球被正式引入奥运会，从此，各国在橄榄球技术打法上互相交流、互相学习，技战术水平迅速提高，橄榄球风靡全球。

虽然橄榄球在亚洲的发展比较晚，但这丝毫不会影响你对橄榄球的热爱，喜欢就去尝试吧！

33 风靡一时的“双陆”

在我国古代的博戏中，有一种叫“双陆”的盘局游戏曾经风靡一时。

这种棋戏在古代又叫“握槊”“长行”，还有一个小名叫“波罗塞戏”。

双陆，是古代一种博戏用具，同时也是一种棋盘游戏。棋子的移动以掷骰子的点数决定，谁第一个把所有棋子移离棋盘谁就是最终的胜利者。

双陆棋盘

现在你已经知道游戏的重点了吧，那就是每位玩家都尽力把棋子移动并移离棋盘。

虽然游戏有很大的运气成分，但是游戏的策略仍然十分重要。毕竟每次掷骰子，玩家都要从多种选择中选出最佳的走法，如果你选不出哪种才算最佳，那么你很有可能败下阵来。

关于双陆在中国的出现，有着多种说法。

《事物纪原》说，三国时曹魏“陈思王曹子建制双陆，置投子二”。而《山樵暇语》认为“双陆出天竺（今印度）……其流入中国则自曹植始之也”。

上述两种看法虽然对双陆在中国的出现描述不太相同，但都是以汉魏之际作为在中国出现的时间点，这就表明，双陆其实在三国时期就已经很流行了。

总结下来，双陆流行于曹魏，盛于南北朝、隋唐以及宋元时期。

双陆棋比赛

之所以能流行这么久，主要原因就是人们太爱双陆了！

双陆虽然受大家的追捧，但隋以前的史籍中，却很少被谈及，到了唐朝，记载才多起来。

唐代张读的《宣室志》里描述：有个秀才一天在洛阳城内的一处空宅中借宿，睡梦中看见堂中走出道士、和尚各15人，排作6行；还有两个怪物出现，四眼闪动着红光。道士和和尚在怪物的追逐下一会儿疯狂奔跑，一会儿静静行走，分布四方，时而聚在一起，时而分散开来。每当人单行时，常被对方的人击倒而离开。第二天，秀才在堂上寻找，结果从墙角中发现双陆子30枚、骰子一对，这才明白了为什么会做这样的梦！

真没想到，玩双陆还能做出这样离奇的梦来。

不过从这个故事中，我们可以看出流行于唐朝时期双陆的大略形制。

宋代，双陆在各地更为普及。当时，北方的酒楼茶馆里，几乎都会设有双陆盘，供人们边品茶边下棋。宋人洪遵著有《谱双》一书，书中列出北双陆、大食双陆、广州双陆、真腊双陆、日本双陆等多种变体。名称不一样，玩法也是各不相同。

由于双陆后来并没有完整地传承下来，所以时至今日，当我们想要真正去了解它时，只能从明代的《三才图会》《居家必备》这样的古籍中探寻这古老的游戏。

了解双陆，就像是在阅读一个有趣又古老的故事，让人爱不释手，如果有机会，可以找来更多的相关介绍，尽量将这种游戏再重新翻出来，并且把它传承下去。就好比我们把动人的故事讲给更多人听一样！

34 马背上的运动

我们常常在电视中看到有人骑在马背上，在草原上驰骋。哇，简直不要太帅气哦！不过，我们今天要介绍的这项竞技运动，一定更加让你瞠目结舌，那就是打马球。顾名思义，就是骑在马上，持棍打球，在古代被称为“击鞠”。

打马球

早在三国时期，曹植就曾经在《名都篇》中写下“连翩击鞠壤”的诗句。

一些学者认为马球是在唐初时从当时的波斯，也就是现在的伊朗传播过来的，当时被称为“波罗球”。传入蒙古地区后，成为民间非常流行的马上游戏和运动项目。

我们都知道足球、排球长什么样子，那么，马球是不是也像足球、排球似的充满气体呢？事实上并不是的，马球就像一个拳头那么大，是用材质轻而且韧性好的木材制成的，球体中间镂空。有的马球用皮革制成，内部塞满了柔软的材料。球的外面呢，并不是木料的本色，而是涂上了红漆，还有各种彩绘的花纹，非常漂亮，所以这种球又被称为"彩毬"或"七宝毬"。

球杖呢，也是木质的，长度大约有几尺，球杖的一头设计成月牙形，这样才更方便打球，如果非要找一个比较像的东西的话，那么它整体看上去像是一把长把的镰刀。对了，球杖和球一样，也会有各种各样的彩色雕纹，看上去非常美观。

球和球杖已经有了，那么这球到底是怎样一个玩法呢？

首先你要选一大片空旷的草原作为游戏场地，然后把参加游戏的人分成两队，每个人手持球杖骑在马上，一起抢夺一个球，将球打入对方球门，即得一分。

这样看起来，游戏好像十分简单。其实不然，首先你得有精湛的马术，让马随时听你指挥，指哪儿去哪儿；其次，你还得有高超的球技，能够第一时间挥舞球杖，抢夺马球。

要想把这两点做到精湛并不容易，所以，古代很多达官贵族都喜欢跑来挑战。唐代的长安，就设有宽大的球场，当时玄宗皇帝非常喜欢马球。据说当时宫廷内光是马球场就有很多处，而且都是高质量的球场哦！如果用一句话来形容的话，那就是“平望若砥，下看如镜”。

这么多高质量的球场都是给皇帝准备的吗？

宫中马球

不完全是，因为在当时很多宫女也是非常喜欢打马球的，而且有一些技艺高超的人还专门研究出了一种打背身球的方法。《宫词》中说：“击鞠由来岂作嬉，不忘鞍马是神机。牵缰绝尾施新巧，背打星球一点飞。”

确实，当我们热爱一项运动，同时又能不断练习的话，总能成为别人眼中的“高手”！

35 马球带来的那些事儿

在生活中，帝王将相和黎民百姓一样，也有很多爱好，比方说蹴鞠、拔河、涉猎、游泳等，可以说是爱好颇多。

在唐代，马球赛是设立双球门的，可以说是飞马挥杖，对抗激烈。与其说这是一种竞技、游戏，不如说这是一种高级的军事训练，长久地玩这种游戏，那骑马作战的技能自然会得到提高。

军事训练中的马球

但是在帝王的眼中，这更像是一种激烈的娱乐项目，那些热爱马球的帝王们既是赛场上的“球星”，又是观众席上的“粉丝”。

先来听一个有趣的故事吧！据《封氏闻见记》记载，在吐蕃赞普遣大臣前来迎接金城公主的时候，唐中宗李显为了款待客人们，在宫内梨园球场招呼他们看马球比赛。可万万没料到的是，迎亲队伍竟然带来了一支十人组成的马球队，结果，他们一时兴起，请求与唐宫廷的马球队对决。唐中宗立即下令皇家马球队、神策军马球队迎战，可不妙的是，几番回合下来，都输给了吐蕃马球队。

唐中宗不服，又让李隆基和一些贵族组建的马球队与他们较量。又是几番回合后，他们终于战胜了对手，这下，唐中宗才开心起来。

我猜你无论如何也想不到，竟然有帝王还用打马球的方式来选拔官员呢，怎么样，够荒唐吧？

唐僖宗李儇，在他12岁那年即位。这也是一位名副其实的打马球高手，他曾经自诩，如果在朝廷设立马球比赛的话，那么自己一定可以高中状元！这显然是在自夸，但是其马球技艺的确十分高超。

广明元年的三月，三川的节度使都有空缺。

前来面试的人实在太多，李儇思来想去，也不知道该怎么选择，于是他突发奇想——打场球赛不就完了嘛！于是，他选中四人打马球来赌输赢。

比赛很简单，在球场中立个球门，谁先击球并入球门谁就胜出。

马球比赛

结果，四人中一个叫陈敬瑄的夺得头筹，唐僖宗李儇便立即宣布他去担任最富庶的西川的节度使。

没想到吧，因为马球诞生出这么多既有趣又荒唐的故事呢！

其实，还有很多类似的故事，只是篇幅有限我们不能一一讲来，不过这些发生在古代皇家的故事也确实值得我们品读，一方面，了解打马球在古代游戏中的地位，另一方面，也可以了解当时古代皇家的日常生活。

而我们要做的，就是取其精华，去其糟粕！

36 牧羊人的棍杖

在公元前2000年的波斯，诞生了一款十分受欢迎的球赛，玩法也很像马球。先来看看和它相关的介绍：大多数人认为它起源于古波斯，后来传入希腊，现代版始于英国，1861年第一个俱乐部成立，1875年有了第一版比赛规则，1908年正式列入第四次奥林匹克运动会比赛项目。猜到了吗？这就是在长方形草地上进行集体配合对抗的曲棍球比赛。

因为曲棍球一般是在草地上进行的，所以人们又称之为“草地曲棍球”。曲棍球的名字并不是起源于英语或者中文，而是起源于法语，直白地翻译下来就是“牧羊人的棍杖”。

草地曲棍球

古代曲棍球的先驱者姓甚名谁，虽然已无法考证，但是可以肯定距今3000年前，就深受中国、波斯和印度等亚洲人民的喜爱。最早可以追溯到公元前2000年，在埃及尼罗河流域发现的第十六个坟墓的壁画上，有两人相对站立，手里拿着弯曲的木棍，彼此交互重叠，从图像上分析，这很可能就是现代曲棍球运动的前身。

另一个“证据”是1922年在雅典海岸防波堤上发掘的古代遗迹中，雕刻在坡壁上的一幅浮雕，上面描绘着6个球员参加一种类似曲棍球的游戏。浮雕中，4个人手中持棍在一旁站立，中央的两位似乎在做曲棍球的争球动作，这和现代曲棍球的争球方式十分类似。

在我国唐代就已经流行起类似于曲棍球的“步打球”。不过，在当时人们还没有研究出一套比较完善的竞技规则，所以基本上属于毫无章法的自由竞赛，当时在英国甚至出现了100名运动员混战的局面。

但并不是说这是一项简单的运动，无论是在冰面上还是在草地上，可以说曲棍球都是帮你快速提高身体素质的运动，只要你拿起球杆打上一场比赛，那么可以确保你将至少要跑上两到三千米，这还不算，在挥舞曲棍的时候你的臂力可以得到锻炼，快速奔跑或者停顿的时候你的双腿和臀部会得到锻炼，总之一场球下来，你会感受到运动带给你的快乐。虽然曲棍球对抗激烈，但是不必过分担心会受伤，毕竟在比赛时运动员都会戴上专业的护具，和狂跑的足球、疯抢的篮球相比，其实曲棍球的安全性更高呢！

现代曲棍球运动在1908年伦敦奥运会首次成为正式比赛项目，1980年增加了女子项目。

女子曲棍球

要说曲棍球的优秀球员，就不能不提瑞萱·豪克斯。她在1985年就成为澳大利亚女子曲棍球国家队的一员，1988年她随澳大利亚队在首尔参加了个人的第一届奥运会。在她的运动生涯中，豪克斯总共参加了279场国际比赛，成为唯一一位三夺奥运金牌的女子曲棍球运动员。

在中国，和篮球、足球、网球相比，曲棍球并不普遍，但这丝毫不影响曲棍球发挥它的魅力，只要尝试一次，你注定会爱上它！

37 中国古代高尔夫

说到马球，那就不能不提捶丸。捶丸其实是从唐代马球演变过来的一种球类竞技活动。

我们现在知道了在唐代的时候，打马球是相当流行又时尚的活动，可这毕竟是“贵族”们的专属，黎民百姓是打不起的。它不仅需要有灵活的骏马，还得有足够大的球场，这些想要同时具备，谈何容易呢！就算你能够集结一大群的伙伴，也很难打上一场比较正规的马球。

古代捶丸

这不，渐渐地，马球运动就演变成了“步打球”。“步打球”，顾名思义，就是人们不用再骑在马上打球了，而是直接在地面上徒步打球。

了解了捶丸的身世之后，我们现在就真正认识一下捶丸这项竞技吧！“捶”就是击打的意思，“丸”自然就是指球了。需要注意的是，关于球的材质可是相当讲究的，不是随便找一个球就能够代替。捶丸所用的球，是要用赘木或瘿木，即树干上结成绞瘤的部分做成的，这是因为，树的这个部位纤维绞结紧密，十分牢固，就算是捶打很久也不会坏掉。

有了球就要准备击球用的球杆了，也叫作“棒”。“棒”的做法也是非常讲究的。选材的时候必须是在秋季或者冬季，棒柄采用南方生长的劲竹。等到天气暖和的时候，就可以进行制作了，这个时候，使用牛皮胶粘贴起来就比较容易黏合，这样制作出来的“棒”也就更加结实耐用。

当然，“棒”的制作不是只有一种，分“撺棒”“杓棒”“朴棒”“单手”等，在不同的打球环境下，可以选择不同类型的“棒”，这样才能打出不同效果的球。

关于打球，在元代的时候还专门出了一本相关的专著呢，那就是《丸经》。《丸经》一共分为32章，用一万多字详细地叙述了捶丸的规则、球场道德、场地设备及器材用品的规格等。里面记载，捶丸最显著的特点是：场地要有地形变化、凹凸不平，设置球穴，球穴旁要插上彩旗作为标记。

捶丸比赛既可以分组进行，也可以不分组。根据参加人数的多少又有相应的名称，多人参加的叫“大会”，七八人参加的叫“中会”，五六人的叫“小会”，而三四人的称为“一朋”。最少的是两人，叫“单对”。以用棒数少或得穴数多的一方为胜者。

这个游戏的玩法让你联想到了什么？是不是和现在的高尔夫很像呢？确实，捶丸与高尔夫有异曲同工之妙，真没想到，我们眼中精致高端的游戏，竟然是古人创造出来的。可见古代人的聪明，远远超出我们的想象呢！

高尔夫

下次，你也约上五六个好友，来一场轰轰烈烈的“小会”吧！

38 皇帝也喜欢捶丸

了解了捶丸的玩法之后，你是不是也深深地爱上了这项体育竞技呢？好吧，不光是你，从古至今爱好这项竞技的人真是数不胜数呢！就拿宋徽宗来说，他爱玩到什么程度呢？这么说吧，国家面临着种种不利局面，可他仍然在挥舞着木杆，优雅地走在球场，轻轻一击，然后眼看着那小球缓缓滚进洞里。

这位宋代皇帝不但爱玩，还玩得十分讲究，所有打球用的装备都非常豪华，即使放到现在，都让人心生嫉妒呢！根据元代的捶丸专著《丸经》记载："至宋徽宗、金章宗，皆爱捶丸。盛以锦囊，击以彩棒，碾玉缀顶，饰金缘边，深求古人之遗制，而益致其精也。"意思是说，宋徽宗不仅爱打球，还拥有豪华装备，他的球杆是用黄金装饰的，顶上还有玉饰，球包是个锦囊，可以说是非常讲究了。

除了装备精良，宋徽宗还深知业精于勤，经常学习古人留下的打球技巧，这样在不断练习下，他的球技也确实得到了提高。

再来说说另外一位喜欢捶丸的皇帝，他就是明宣宗朱瞻基。

如果你有机会走进故宫博物院的话，一定会看到一幅

《明宣宗行乐图》，上面清清楚楚地画着朱瞻基玩捶丸的场景。

《明宣宗行乐图》（局部）

那是在宫廷的院落里，虽然场地看上去并没有郊外的宽阔，也没有山野间高低起伏的地形，却多了一些甬道、花木之类的“障碍物”，这样打起球来真是别有一番情趣呢！仔细看，地面上一共有5个球洞，每个球洞旁边还插着一面小旗。明宣宗的两只手各拿着一个球棒，似乎是在思考着什么，我猜大概是在考虑该从哪个角度打球吧！

除了明宣宗，现场还有一个“参谋”，四个“陪打”，整个场面看上去安静又舒适，想必明宣宗也会觉得惬意无比吧！

关于捶丸形成的时间，很遗憾，我们已经没办法确定了，但可以肯定的是，在宋代就已经开始发展，元代趋于成熟，明代的时候成为炙手可热的竞技游戏。渐渐地，这项游戏传到了民间，就算是普通的妇女儿童都可以过把瘾，挥上几杆。

民间捶丸

现如今，捶丸已经渐渐淡出人们的视野，这个古人热衷的体育运动更是逐渐演化成了现代运动高尔夫。

如果邀请宋徽宗来到现代，不知道，如果他看了今天的高尔夫，会不会也手痒想打上几场呢！

39 用“棒”打“球”

棒球

棒球，就是用“棒”打“球”，棒球的球一般是由圆形软木、橡胶或类似物质做球心，用缝合线缠绕，再用两块白色马皮或牛皮包紧平线密缝而成的，这是一种对抗性很强的球类运动项目。棒球在全世界都具有很大的影响力，人们称它是“竞技与智慧的结合”，尤其是在美国和日本，美国人甚至奉棒球为国球。棒球这么受欢迎，那么它又是什么时候诞生的呢？

事实上，关于棒球的确切诞生时间，我们已经找不到相关证据了，但不可否认的是，棒球运动已经有悠久的历史，有考古学家在建造于公元前2000年的墓穴中发现有女子进行球类游戏的画像，虽然从画像上我们不能肯定地说这就是棒球，但由此可以肯定，最早的“棒”与“球”活动可追溯至远古时期。在古希腊和古印度的一些壁画遗迹上都有类似于棒球的图案，这也再一次肯定了棒球运动具有悠久的历史。

近代棒球的起源据说是英国人传入美国的，但在当时还不叫棒球，而是叫板球，后来经过很多次的演变和称呼上的改变后，将这项竞技正式定名为“baseball”，而且重新修订了游戏规则，逐渐成为美国最流行的运动项目之一，同时也是比赛项目之一。

首次棒球比赛是在1839年美国纽约州古帕斯敦举行的。这次比赛后，便逐渐诞生了职业棒球运动员，而且棒球的名气也随之变大，美国还专门成立了“全国棒球联合会”。

第二次世界大战后，棒球运动迅速火遍整个欧洲，棒球运动已经在100多个国家和地区中开展。我们中国是在1981年加入国际棒球联合会，从此，中国也在世界棒球运动中有了一席之地。

越来越多的人开始喜爱棒球运动，但打棒球最有趣的其实是它的球场。不像足球或者篮球在一个长方形的区域内，棒球是在一个扇形的球场里进行比赛，内场部分为松软的土质，外场部分为草皮。每队通常要9个人，球员要分成攻方和守方，比赛的时候双方轮流进行攻守，攻队队员在本垒依次用棒击守队投手投来的球，并乘机跑垒，当进攻球员成功地依次踏过1、2、3垒再跑回本垒，就得1分，两队各攻守一次为一局，9局之后哪个队伍得分最高，哪个队伍获胜。

棒球比赛

棒球界曾诞生出很多优秀的运动员，譬如杰基·罗宾森，他在1947年曾获美国职业棒球大联盟的最佳新人奖；铃木一郎，创下连续7年取得打击王的日本纪录。

40 保龄球的“前世”

如果现在让你说出几种球类，我猜你一定能做到张口就来。但是今天要考你的却偏偏不是人人都知道的，“十五柱球”，你知道吗？

关于这种球的玩法，你一定很熟悉。

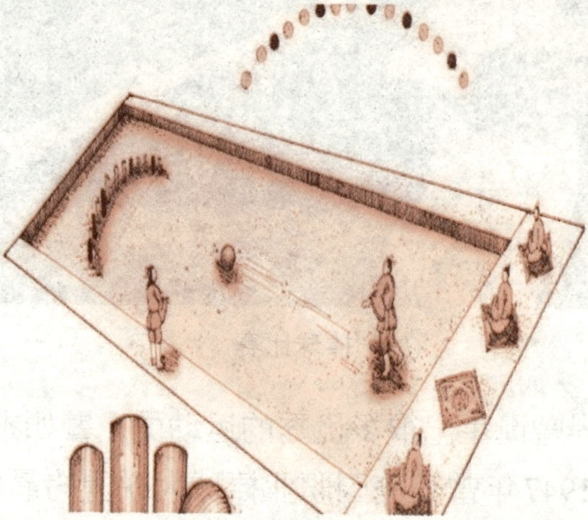

十五柱球

参加比赛的人要用木球去击打木桩，一共有十五个木桩，其中有十个上面用红色笔写着红字，另外五个木桩用黑色笔写着黑字。如果你能用木球击倒写着红字的木桩，那么恭喜你，你胜利了，还会得到事前准备好的奖赏！不过，如果有人跟你一样，那么就需要数一数了，谁打倒的红色木桩个数较多，谁就是最终的胜利者。如果你的手气很差，直接把木球丢到了写着黑字的木桩上，那么很遗憾，你失败了，还得接受一定的惩罚。

这种超级有趣的玩法让你想到了什么？保龄球对不对？可以说，这就是保龄球的鼻祖！

现在你知道这种球为何取了一个“十五柱球”这么奇怪的名字了吧。一起来看一下这“十五柱”到底是什么样的。比赛前要准备十五个平底的木柱，样子看上去有点像春天里刚长出不久的笋。

晁公武读到了唐陆秉撰的《木射图》这本书，在他的《郡斋读书志》中对《木射图》作了简短的解释，为我们留下了较为形象的描述：“为十五笋以代侯，击地毬以触之。笋饰以朱、墨字以贵贱之。朱者：仁、义、礼、智、信、温、良、恭、俭、让。墨者：慢、傲、佞、贪、滥。仁者胜，滥者负，而行赏罚焉。”

木桩

此文大意是说，用木削成笋形，作靶子，上缩下扩底平，立起来不易翻倒，总计十五根。要在每个木柱上分别用红色笔或者黑色笔涂上颜色，再写上不同的字。其中红色代表胜利，黑色代表失败。用红色笔把十个木柱通体涂上红色，然后在上面分别刻上：仁、义、礼、智、信、温、良、恭、俭、让；另外五个木柱涂上黑色，然后刻上慢、傲、佞、贪、滥。现在就可以把木柱摆在比赛场地的一端了，参加比赛的人站在场地的另外一端，游戏开始后，每个人轮流抛出木球来击打木柱。然后，一起来计算击倒后的红色木柱的数量，判定输赢。

木射是唐代时出现的一种游戏，可是你知道吗？木射可不是一般的游戏，它还有另外一个很重要的身份，那就是酒令游戏。在筵席上行酒令助兴是唐代的特色，更是唐朝人的乐趣所在。

所谓行酒令，自然是由酒而生的一种助兴形式，不过要说起行酒令，数数看，那得有20多种，像乐器演奏、舞蹈等，只有你想不到，没有唐代人做不到的！如果是李白、杜甫这种大诗人在场的话，恐怕难免还要吟诗一首呢。

古时候，虽然没有我们现在常玩的网络游戏，但是大家却常常可以聚在一起，玩一玩投壶、蹴鞠、木球。再或者，喝上两杯小酒，吟诗作赋，文人雅趣，也是好不快活。

41 中国古代“花样”滑冰

每每到了冬季，当湖面冻得结结实实的时候，如果不跑到上面去滑上几圈，实在是辜负了这冬天的美意。

事实上，早在隋唐时期，我国北方的少数民族，就已经开始了冰上运动。尤其是在东北地区，当地人还曾经发明了一种滑冰的竹马，就是人踏在竹马上，手执曲棍，在冰面上滑行。这很像现代的溜冰车。

滑冰在清代的时候，被称为“冰嬉”。之所以把滑冰称为“冰嬉”，就是因为这已经超出了滑冰的概念，而是增添了娱乐和表演的色彩。

据文献记载，1625年，努尔哈赤举行了一场盛大的冰上运动会，这是中国有文献记载以来的第一场冰上运动会。当时，努尔哈赤登上浑河冰面亲自主持冰上比赛。这次运动会，比赛花样繁多，有速滑、花样溜冰、冰上射箭、冰上武术等，不过最值得一提的是冰上“双飞舞”，也就是两个人在冰上合作跳舞，舞姿优美轻盈。

明清时期的比赛项目，那绝对称得上丰富多彩，除了速度滑冰和一些常见的冰上表演外，还有冰上足球。

《帝京岁时纪胜》中记载：“冰上作蹴鞠之戏，每队数十人，各有统领，分位而立，以革为球，掷于空中，俟其将坠，群起而争之，以得者为胜。或此队之人将得，则彼队之人蹴之令远。欢腾驰逐，以便捷勇敢为能。”

冰上蹴鞠

冰上蹴鞠，参加比赛的队员分成两队，背上插上不同颜色的小旗，脚穿冰靴。冰场上立着三个插有彩旗的大门，两队队员各自列成一路纵队，分别从门中穿过，在冰场上形成两个丝缕状的大圈，那场面是相当壮观。如果你实在想一睹为快，不如找来相关视频，好好欣赏一番。

渐渐地，越来越多的人爱上了这项竞技。在乾隆时期，由于皇帝本人的喜爱与推崇，冰嬉被称为“为国制所重”，更是荣幸地被定为“国俗”。乾隆皇帝还规定每年都要举办一次冰嬉大典，可见乾隆皇帝对“冰嬉”的喜爱和重视。咱们一起来欣赏一下那恢宏的场面吧！

每年十月，八旗士兵们都会按照每旗200人的数量，筛选出1600名擅长滑冰的人来接受专门的训练，有的练习速度滑冰，有的练习冰上手球，有的结合弯弓搭箭练习转龙射球等。

等冬至一到，典礼也就正式开始了。皇帝会带着一众人来到现场观看，那些在表演中比较抢眼的，还会得到赏赐。

清宫的画师们就曾留下冰嬉场景的画卷——《冰嬉图》。画面中是在进行“转龙射球”的表演，士兵们被分为执旗手、弓箭手还有表演者。他们在冰道上滑行，远远望去，像是一条巨龙。而那些表演者们有的在舞剑挥旗，还有的在表演高难度的杂技动作，看得人胆战心惊。

《冰嬉图》（局部）

冰嬉不仅被宫廷里的皇上大臣们喜欢，也深受百姓们的喜爱。这不，民间就常有一些冰嬉活动，虽然规模不及皇宫，但是乐趣却一点儿也不少。清代作家杨静亭就曾写过《都门杂咏》来描写观看冰嬉的情形：“十月冰床遍九城，游人曳去一毛轻。风和日暖时端坐，疑在琉璃世界行。”

别急，我们大可不必羡慕古人，因为，只要我们愿意，随时都可以来场冰嬉。

42 蟋蟀小战士

每逢夏末秋初，墙根儿下总会传来几声熟悉的“唧唧”声，这便是蟋蟀在叫。

这声音在古人们听来那简直称得上天籁！不仅如此，还会听得他们心痒难耐，恨不得立即来一场斗蟋蟀大赛。

斗蟋蟀是从哪个朝代开始的，已经无从考证了，但是在《诗经》中，就有《蟋蟀》一诗，可见时间久远。

斗蟋蟀虽然有趣，但也是有严格的规则，可不是你随便拿来一只蟋蟀就能斗上一斗。首先，你得把蟋蟀送到指定的地点，蟋蟀必须用萝卜熬出来的水洗澡，再把蟋蟀留在棚户里养上五天，这样蟋蟀才算是有参赛资格了。在比赛进行之前，还要做一些基本的准备工作，比方说，工作人员要把蟋蟀带到指定的桌上，进行喂食、饮水等。这样一小时之后，等蟋蟀消化得差不多了，就开始称重量。为了公平起见，要求体重差不多的两只才可以比赛，轻量级的和重量级之间就没什么交手的机会。称完体重就可以进行配对了，然后把蟋蟀放进斗栅里。

古时候斗蟋蟀，要把蟋蟀放在一个专门用来装蟋蟀的小罐里，这样两雄相遇，预示着一场激烈的争斗马上就要开始了。只见两只蟋蟀先是猛烈地震动翅膀鸣叫，我猜它们一方面是在给自己打气，另一方面就是打击对手的威风。它们用头顶，用脚踢，用触须刺，身体不停地转动，调整到最佳位置，然后扑杀过去。

斗蟋蟀

这样几个回合下来，身体较弱的蟋蟀往往就招架不住了，垂头丧气地输掉比赛，而那只赢得比赛的，看起来却是一副趾高气扬的架势，好像是在向看客们展示自己的强大。

角斗是激烈的，不过你放心，蟋蟀之间的争斗很少致命。等其中一只蟋蟀认输并逃跑跳出斗盆，比赛也就宣告结束了。

蟋蟀和人一样，有胖有瘦、有高有矮，所以在参赛之前选一只高质量的蟋蟀是很必要的。尤其是在清代，对参赛蟋蟀的要求是相当苛刻的，首先得保证它没有“四病”，就是仰头、卷须、练牙、踢腿这些坏习惯；其次，颜色也得达到上乘。“白不如黑，黑不如赤，赤不如黄。”

要说最善斗的，当数蛉蟋科的墨蛉，中国民间百姓称它为“黑头将军”。这种既能鸣叫又善斗的好蟋蟀，不但会成为主人的荣耀，同样会成为蟋蟀王国中的王者，在爱好斗蟋蟀的人眼中，那简直就是一只无价之宝。

墨蛉

真正的名蟋蟀产地在山东，而山东宁津县的蟋蟀更是非同凡响，头大、项大、腿大、皮色好、体质强健，有顽强的斗性、耐力。近年来全国蟋蟀大赛中，宁津的蟋蟀多次胜出，以实力证明了自己的名气。

不管怎么说，斗蟋蟀始终受到人们的广泛喜爱，长兴不衰。秋风起时蟋蟀鸣，选上一只你眼中的勇士，和朋友们一起斗上一番，也称得上是一场赏心悦目的赛事了，但是要记得，不可玩物丧志。

斗过之后，不妨写上一篇小作文，记录一下激烈的场面吧。

43 小蟋蟀，大身价

我们知道，蟋蟀除了会鸣叫，最大的特点就是好斗。

别看蟋蟀小小的一只，可个个脾气暴躁，每次斗起来非得争个你死我活不可，不过，这却给那些喜欢观战的人带来了乐趣。

蟋蟀

史料上说，在三国的时候，斗蟋蟀是十分讲究排场和规模的。斗法也是有一定规则的，总结下来就是“斗之有场，盛之有器，必大小相配”。要是哪只蟋蟀能连斗三场而不败，那么恭喜它了，这个所向无敌的战士绝对会成为人人羡慕的“明星”，还会赏给它一个“大将军”的头衔。

如果有一天，这位“大将军”很不幸地去世了，还会用“金棺盛之”，葬于“原得之所”。

从唐代开始，这种斗蟋蟀的竞技游戏就已经开始流行，宋代日趋兴盛，明代时斗蟋蟀之风达到顶峰。

唐代的天宝年间，每逢阴历的七月，长安一带就开始热闹起来，一场场规模盛大的斗蟋蟀活动就开始了。在当时，这可是人们眼中最有意思的娱乐活动。

斗蟋蟀活动

斗蟋蟀不单是在民间流行，一些皇帝和皇子也是斗蟋蟀的忠实粉丝。

当时在苏州的民间流传着“促织瞿瞿叫，宣德皇帝要”的谚语。一起来看看他都做了哪些荒唐事。据说宣宗皇帝曾下旨派官宦们到全国各地去采办蟋蟀。要求全国各地的百姓去抓蟋蟀，农民不再耕田，商人不再经商，百姓苦不堪言。

《明朝小史》里就有这样一个小故事：苏州枫桥这个地方急着征收蟋蟀，一男子实在没抓到，为了完成任务，就只能拿自己的马换了一只回来交差。妻子好奇，想要看看这骏马换来的蟋蟀到底长啥样，结果蟋蟀噌地一下跳走了。妻子实在承受不了这么大的打击，寻了死路。丈夫回到家后，看到已经过世的妻子，又想到他的骏马和逃走的蟋蟀，实在是看不到生活的希望，也跟着妻子去了。想想看，不过是一只小小的蟋蟀，结果家破人亡，实在是不值得。

任何游戏都有其两面性，适当地娱乐，能给我们带来快乐；可要是整日只想着游戏，那么就会影响我们的学习和生活，甚至导致我们没办法正常健康地成长。所以说，做事要讲度，懂得“适可而止”很重要。

44 端午节里赛龙舟

每年的端午节，除了要吃粽子，还有一项体育活动不能不提，那就是赛龙舟。

赛龙舟是中国民间传统水上体育项目，已流传了两千多年。关于赛龙舟的起源，有多种说法，有纪念曹娥、纪念屈原或祭水神龙神祭祀活动等。

赛龙舟

我们今天主要介绍的就是纪念屈原。端午节的龙舟竞渡和历史上著名诗人屈原有着密切的联系，具体是怎么一回事呢？

据《史记》记载，屈原是战国时期的楚国人，是战国时期楚怀王的大臣。他一直深爱着自己的国家，可是朝廷的昏君硬拉着他一起同流合污。屈原内心拒绝，却又无法逃避，最终在公元前278年，当秦国率兵将楚国灭亡时，屈原悲痛欲绝，于是在当年的五月初五，也就是端午节这一天跳进了汨罗江。

屈原一直深受百姓爱戴，当听说他投江的消息时，百姓伤心欲绝，渔夫们更是划着船只，在江上追赶试图拯救。他们为了抓紧时间，争先恐后，借划龙舟驱散江中的鱼，以免鱼吃掉屈原的身体。可遗憾的是，一直追到洞庭湖也不见屈原的踪迹。

无奈之下，人们只有在之后每年的端午节用划龙舟的方式来纪念屈原。

《荆楚岁时记》中有载，“五月五日竞渡，俗为屈原投汨罗日，伤其死，所故并命舟楫以拯之。舸舟取其轻利，谓之飞凫”。意思是，在五月初五这天赛舟，习俗上因为这天是屈原投汨罗江的日子，乡民痛惜他的死，所以命各家的人一起划船去救他。

另有学者认为，“龙舟竞渡”早在屈原之前就已经有了。闻一多先生的《端午考》中说，距屈原投江千余年前，划龙舟的习俗就已存在于吴越水乡一带，目的是通过祭祀图腾——龙，以祈求避免常见的水旱之灾。

1976年，宁波鄞县出土了一个战国时期的铜钺，上面有四个羽人划船竞渡，四人头戴羽毛冠。现在很多人说这是最早的龙舟竞渡，但是场景与现在不同。

关于正式的竞渡，唐代诗人张建封在《竞渡歌》中写出了龙舟竞渡的壮景。红旗指挥下的龙舟飞驰而来，快如飞剑，鼓声如雷；终点插着锦旗彩竿，作为标志；而龙舟则向着标杆飞驰。

“龙舟”是做成龙形或刻有龙纹的船只。皇帝乘坐的龙舟，高大宽敞，雄伟奢华，舟上楼阁巍峨，舟身精雕细镂，彩绘金饰，气象非凡。而民间用来竞渡的龙舟和皇家龙舟不可比肩，一般都做得窄小狭长一些，这样的船形其实是很利于比赛的。但是后来用来竞渡的龙舟因为地域和时间的发展，发生过很多的变化。但不管怎么变，都改变不了赛龙舟在人们心中的重要地位。

龙舟

真正划过船的人都知道，有时候，我们因为要急于让船跑起来，而常常偏离了方向，这大概就是“欲速则不达”。只有内心平静下来，找准方向，再一桨一桨地划下去，才有可能最快到达目的地。

45 斗鸡那些名场面

这里说的鸡可不是你认识的家鸡，而是英姿雄武，体格健壮，拥有较强战斗能力的鸡。

斗鸡

关于斗鸡的场面，你可能并不陌生，毕竟我们在影视剧中时常见到。可是你知道吗，就是这样的两鸡相斗，已经有两千多年的历史了。

斗鸡比赛不仅在民间声名大噪，即便是在皇室贵族中也是收获了一众粉丝。唐高宗时期，身边的亲王、大员都是斗鸡比赛的爱好者。一次，沛王与英王在斗鸡赛中，情绪激昂，斗争激烈，看样子是非要斗个你死我活不可。王勃实在看不下去，写了一篇文章来声讨英王的斗鸡，这可把英王气得够呛。就这样，昔日里的皇室兄弟反目成仇。直到后来唐高宗见事情不妙，出面安抚，两人的关系才渐渐有了好转。只是可怜了王勃，因为他的文章，使得唐高宗直接罢免了他的官。

下面这则故事更为有趣。一天，唐玄宗出宫闲逛，遇到一个叫贾昌的小孩正在玩木制的小鸡模型，小孩的手法十分娴熟，看得唐玄宗目瞪口呆。他马上意识到，眼前这个贾昌是个驯养天才，立刻把他召进宫中，负责养鸡。贾昌入宫后，很快展现出他对斗鸡的深刻理解和训练能力，训练出的斗鸡十分勇猛。

《东城老父传》中就曾有记载，每当到了斗鸡的日子，唐玄宗就会让宫廷乐队集体出动，但他们都称不上这场斗鸡赛里的主要人物，要说主要人物那得数“神鸡童”贾昌了。

斗鸡活动

你看他头戴雕翠金华冠，身穿锦绣襦裤，手拿铎佛，像个真正的王一样，引导群鸡气宇轩昂地走到场地中间。在贾昌的指挥下，群鸡进退有度，顾盼神飞，犹如战场上的将军，勇往直前。战斗结束之后，贾昌还会命令群鸡按胜负关系列队，接受唐玄宗的检阅，然后再整齐划一地回到御鸡坊中。

除了皇帝爱斗鸡，很多诗人也喜欢斗鸡，不过他们喜欢斗鸡多是体现在文字里。

虽然我们不能亲眼见到斗鸡的盛大场面，但我们可以通过那些诗歌来想象一下。

46 半仙之戏

秋千的诞生其实和人类在很早以前攀爬树木采集果实有直接的关系。根据《古今艺术图》的记载，古代的秋千其实是从山戎族的生活中演变而来。

山戎族用秋千作为锻炼身体的工具，荡秋千可以使人变得更为矫健，动作也更加灵敏，这样一来，有了一个好的身体素质，才便于与敌人战斗。

不过，那个时候秋千还没有一个明确的名字。直到后来，《汉武帝后庭秋千赋》中记载，秋千本来是千秋的意思，是汉武帝希望自己能活千岁，所以后宫里都喜欢秋千游戏，才有了秋千的叫法。

《湘素杂记》中也指出，秋千是汉武帝后宫里的一种游戏，本来是叫作千秋的，不知从什么时候起，慢慢被人们传成了秋千。但不管叫什么，这项古老的体育活动都深受人们的喜爱，尤其是受孩子的喜爱。

荡秋千并不是在什么季节都适合的，最适宜的季节是在春季，尤其是清明节前后。我们熟知的唐代诗人王维就曾用诗句“蹴鞠屡过飞鸟上，秋千竞出垂杨里”来描写在清明节时，人们在春天树林里荡秋千的场景。

荡秋千

每年一到清明节，宫里就变得热闹起来，那些活泼的宫女们迫不及待地把秋千架好，穿上艳丽的衣服，伴着春天的阳光随风荡起。

如此美妙的游戏就连唐玄宗也非常喜爱。想想看，人坐在秋千上飘飘荡荡，一会儿奔向云端，一会儿又触碰到枝头，宫嫔们把秋千荡得很高，环佩叮当，飘飘而下，似仙女从天而降，实在称得上“半仙之戏”。

宫外的那些少女们也一样非常喜爱这项运动：“身轻裙薄易生力，双手向空如鸟翼。”她们要把那秋千荡到几乎与树齐平，再飞一般地落回去，丝毫不显畏惧。这还不算，她们不但喜欢在白天玩儿，就连晚上也不舍得离开，“夜半无灯还不寐，秋千悬在月明中”。可见那些少女们玩起秋千有多开心。

前文我们说过，秋千是我国少数民族十分喜爱的体育运动，他们每年都会举行各种各样的传统民俗活动。

比方说纳西族就有“秋千会”，从夏历正月初一到初四，他们都要举行大规模的秋千活动，就像《盐源竹枝词》中描写的：“高悬彩架接云天，共庆新年胜旧年。姊妹艳装争奇丽，倩郎抛索送秋千。”

除了纳西族，还有很多少数民族发明出不一样的秋千游戏，比方说云南的阿昌族就有“风车秋千”。这种秋千看上去就像一个巨大的风车，秋千持续绕着轴旋转，玩起来也是相当过瘾。

“风车秋千”

柯尔克孜族的秋千更是别出心裁，他们设计出一种双人合作秋千，荡时，两个人面对面，可见这又是另外一种欢乐。

如果你足够喜欢秋千，也可以自己设计一款别致的秋千。说不定，你设计的秋千还会受到很多小朋友的喜爱呢。等到那时，你就是一个著名的设计师了。

47 古代花样跳水

在宋朝的时候，有一项体育运动是非常受欢迎的，上至皇帝下至百姓，没有人不热衷于它带来的欢乐，人们还给它起了一个极其文雅的名字叫水秋千。

水秋千其实是中国古代的一种水上运动，具体来说，它是跳水和荡秋千的完美结合，如果非要说一说它的前世今生，那么水秋千其实就是今天跳水的前身。

水秋千

我们来看看水秋千到底是什么样的玩法。大体上说就是在彩船的船头立上秋千，随着鼓乐的伴奏，人开始荡秋千，当秋千几乎和顶架横木差不多相平时，从秋千上翻下来直接跳入水中。

这样说或许太过笼统，《东京梦华录》卷七《驾幸临水殿观争标锡宴》中记载："又有两画船，上立秋千，船尾百戏人上竿，左右军院虞候监教鼓笛相和。又一人上蹴秋千，将平架，筋斗掷身入水，谓之'水秋千'。"

这里就详细描述了水秋千的玩法，是说先在水中置两艘雕画的大船，船头竖起高高的秋千架。船尾处表演百戏的艺人正在表演爬竿，还有一人登上秋千，奋力悠来荡去。当秋千悠到和秋千架的横梁相平时，这个人双手脱绳，借秋千回荡的力量跃入空中，在空中翻个跟头，然后投身入水。

掷身入水

南宋吴自牧在《梦粱录》中记载，每逢夏天举行水秋千表演时，从皇帝妃子、王公大臣，到庶民百姓，竞相观看。

要说最热爱水秋千这项运动的，要数宋徽宗。有文献详细记载了宋徽宗是如何组织水秋千表演的。在每年的三月，宋徽宗都会带上家人和大臣们来到皇家园林里观看。

最初，水秋千不过是一种有趣的娱乐项目罢了，渐渐地，它就发展成为一项规则比较明确的竞技项目了。宋朝诗人王珪曾作过一首描述当时跳水比赛的诗："内人稀见水秋千，争擘珠帘帐殿前。第一锦标谁夺得，右军输却小龙船。"诗中所指的水秋千就是指花式跳水。当时是分两队比赛跳水秋千，通过比较动作的优美性和技术的精湛性决出胜负。

这样算来，花样跳水在我国已经有一千多年的历史了，而关于花样跳水最早的记载出现在宋代孟元老的《东京梦华录》中。书中从饮食、建筑、娱乐等方面真实地描写了宋朝人的生活，当然，也包括他们玩水秋千的记载。

宋代人喜欢跳水，一方面可能是趣味性比较强，另一方面也可能是基于对自我的挑战，不管跳水的姿势是不是足够优美，起码他们是怀着一份热爱与冒险之心，这一点值得我们学习。既然热爱，就不畏艰险，勇于探索。

48 毽子的花样斗法

“一个毽儿，踢两半儿，打花果儿，绕花线儿，以踢带拐，八仙过海，九十九，一百。”会踢毽子的人都知道这首关于毽子的童谣吧。

毽子

《续高僧传》中记载了这样一个故事，早在1500年前的北魏，佛陀禅师去洛阳游历的时候，有一天恰巧碰到一个小男孩，看上去十一二岁的样子，他站在一个高高的井栏上踢毽子。他的动作十分灵活，对踢毽子也是特别熟练，最后，他一口气踢了五百下。高僧惊讶不已，认定这是个灵气十足的孩子，于是就收他做弟子。而这个小男孩也没有让师父失望，最后成为一个著名的少林寺高僧，他就是赫赫有名的慧光法师。

毽子是什么时候诞生的？又是谁发明的呢？这些问题

一直是体育专家们非常感兴趣的，可遗憾的是，至今也没能找到一个明确的答案。

有一种说法是创自黄帝。毽在当时叫“鞠”，是练习武术的一种器具。还有一种说法是创自岳飞，“用箭之翎，配以金石之质，抛足而戏，以释军闷”。似乎毽子的故事都是和军事相关，但是具体由谁创造就不得而知了。

我们今天踢的毽子其实是经过若干次创新之后的样子。当时慧光法师踢的其实就是毽子的雏形，并不是用鸡毛和铜钱做成的。另外，在踢法上也是不断创新，宋代的时候，踢毽子的名堂越来越多，人们不只用脚，还用膝盖、肚子，甚至是用头，真称得上花样繁多。

宋朝高承在《事物纪原》一书中，对踢毽子有较详细的记载：“今时小儿以铅锡为钱，装以鸡羽，呼为毽子，三四成群，有里外廉、拖枪、耸膝、突肚、佛顶珠……”意思是说，现在孩子们用铅锡作为铜钱，装上鸡毛，把它称为毽子，三四个人围在一起，边走边踢，有里外廉、拖抢、耸膝、突肚、佛顶珠等各种各样的玩法。

据文物专家考证，汉代砖画上已有踢毽者的形象，照此推断，踢毽子游戏最晚也起源于两千年前的汉代。在隋唐时期非常盛行，宋朝时已经达到了鼎盛时期。

另外，不得不提的是清朝光绪年间的端康皇贵妃，她就非常会踢毽子，一般的宫女都很难踢得过她。

踢毽子

有人踢的个数多，而有人踢的花样多。据说清朝光绪年间，承德有一个百岁老进士，能踢出喜鹊登枝、金龙探爪、狮子滚绣球等一百零八种花式。

《帝京岁时纪胜》里面还曾介绍说，宋代的时候，还有人以踢毽子为生，也就是我们常说的江湖艺人。他们把踢毽子发展成了一种表演，用身体的各个部位踢，看上去像杂技一样，看得观众兴高采烈。

踢毽子作为一项民间的体育游戏，能流行到今天，除了它玩法简单外，主要是它还能够强身健体，这大概就是它能发展成体育比赛项目的原因吧。学习累了时，你也可以拿出毽子，和同学们一起比拼一下。

49 跳白索

小时候，当我们开始咿咿呀呀学说话的时候，妈妈就会给我们唱一些儿歌，其中有一首我猜你一定听过，那就是《跳绳歌》。

“转呀转呀转呀手中绳，跳呀跳呀跳呀朋友们，不碰头、不碰脚，一团白光围着人，跳呀跳呀跳呀，不要停。”

跳绳

在南宋时期，每逢佳节大家都会组织跳绳活动，还给跳绳起了一个很动听的名字叫“跳白索”。这是因为，在远处看，跳绳就像一条白色的光轮，近看又像是数百条绳子在上上下下。

一开始，跳绳只是简单的游戏类的活动。人们不满足于简单的跳绳，还发明出了更好玩的玩法，比方说有单脚跳，有单脚换跳，有双脚并跳等很多种方法。

除了跳绳，摇绳也很有讲究，可以往前摇，也可以往后摇，不管怎么摇，跳绳的人都要随时调整状态来适应变化。如果绳子足够长，那么还可以组织一群朋友一起跳，当然，跳法上也有很多变化，可以一个一个地跳，也可以两个一伙儿、三个一群一起跳，跳出的花样越多越好看。

跳绳给人们带来了很多的乐趣，渐渐地，演变为一种竞技运动了。跳绳的人以跳得快、跳得多、跳得美而受称赞。

跳绳发展到今天，主要有两种玩法，一种是单人跳绳，一种是多人跳绳。单人跳绳在南北朝时期就已经出现了，“两手持绳，拂地而却上跳”，说的就是单人跳绳，在唐代被称为“透索”。

关于多人跳绳记载的时间比单人跳绳要晚得多，至少推迟到明代。明朝的《宛署杂记》中记载：“儿以一绳长丈许，两儿对牵，飞摆不定，令难以凝视，似乎百索，其实一也。群儿乘其动时，轮跳其上，以能过者为胜，否则为索所绊，听掌绳者绳击为罚。”这是在描述多人跳绳的场景，十分热闹。

最早的时候，孩子们爱跳绳，尤其是在春节的时候，穿着色彩鲜艳的新衣服跳绳，给节日增添了很多生机。

多人跳绳

每逢下课，你也可以和同学们相约，一起来跳跳绳，如果能比一比，评选出个冠亚军的话，那么玩起来可就更有劲头了。

50 跑道上的疯狂赛车

周末坐在电脑前，眼睛紧盯着屏幕上五彩斑斓的赛车，小手灵巧地操纵着手柄。相信很多男生都喜欢这样的游戏，在现实生活中也有这样的比赛，甚至很多人都成为知名的赛车手。

赛车

赛车已经有100多年的历史了，第一场赛车比赛是1887年在巴黎举行的。不过在当时，赛道并不是我们在电视中看到的专业赛道，起初人们还没有那么重视这项比赛，所以比赛条件也相对落后。最早的比赛其实是在城市间的公路上举行的。但是公路上总会出现各种情况，在这样的环境下进行比赛十分危险，于是专业的比赛赛道就应运而生了。

赛车分为场地赛车和非场地赛车两大类。顾名思义，就是赛车在规定的封闭场地中进行比赛。至于非场地赛车，就比较好理解了，比赛不是在封闭的场地中进行，像拉力赛、越野赛、登山赛、沙滩赛、泥地赛等都属于非场地赛车。

场地赛车又可分为漂移赛、方程式赛、轿车赛、运动汽车赛、GT耐力赛、短道拉力赛、场地越野赛、直线竞速赛等。

方程式赛看起来似乎很难，其实很好理解，这是汽车场地比赛的一种，赛车必须依照国际汽车联合会制定的车辆技术规则规定的程式制造，比方说汽车的结构、车身的长度和宽度、汽车的重量，甚至是轮胎的距离和大小都不是自己能决定的，都要按照要求严格执行。

拉力赛是我们常听说的，这种汽车赛的道路设计非常复杂，还要分段设计出不同的难度来考验赛车手。比方说一个赛程里有一段路全是曲折蜿蜒的山路，而下一段却是阴暗森林中的泥路。行程虽艰难，但也正是这样的赛道磨炼了赛车手的意志。这样的赛道要如何判断胜负呢？很简单，在比赛期间不同阶段都会有裁判员记录下每辆车的用时，最后谁的总时间最短，那么谁就是最后的赢家。

拉力赛

相比较而言，耐力赛就比较有趣了。平常的比赛从头到尾都只是一名赛车手，耐力赛却不一样，比赛中每车可设2至3名驾驶员，大家轮流驾驶。毕竟这种比赛是长时间耐久性的汽车比赛，比赛一般要进行8至12个小时，有的甚至更久，像法国勒芒就是24小时耐力赛。

再来说越野赛，最令人惊叹的是马拉松越野赛。先来看人们对马拉松越野赛的定义：经过几个国家的领土、总长度超过6500千米或跨洲的比赛称马拉松越野赛。越野赛的规则很多，比方说比赛必须在白天进行，每经过10个阶段至少要休息18个小时，每个赛段的最大长度要遵守赛规等。

每种形式的比赛都有它的难度，总之，想要成为一名真正的赛车手，需要掌握很多相关的知识才行。

51 线上飞“车”

有这样一种好玩的玩具，它是用竹木制成的，而且是中空的模样，你能猜到它叫什么吗？没错，这就是空竹。

空竹

空竹在不同地区有不同的名字，比方说有人称它为响葫芦，在江南又被称为扯铃。虽然名字五花八门，但不管怎么叫我们都必须承认，空竹已经诞生很久了。明代的《帝京景物略》中就有关于空竹的玩法和制作方法的记述，后来又有出土的文物佐证，空竹在民间流行至少有600年。

你有没有想过，为什么抖空竹的时候它能发出美妙的声音呢？我们来详细研究一下空竹。

首先，它是圆盘模样，中间有木轴，轴上有4至5个小孔，抖空竹时，双手各持一小木棍，木棍之间用线连接，以线绕空竹，木棍来回扯动，空竹就会快速地旋转，同时会发出悦耳的响声。

空竹主要分为单轮和双轮两种，单轮是木轴的一端为圆盘，双轮是木轴的两端各有一个圆盘。

仔细看你会发现，圆盘的四周有哨口，这些小哨口就像钢琴上的琴键一样，能发出高低不同的声音来，其中一个大哨口是低音孔，很多个小哨口是高音孔。并且在响声上也不一样，有的是双响，有的是四响，有的是六响，这样数下去，一直可以数到三十六响。现在你知道，为什么拽拉抖动空竹的时候，能够发出高低起伏、和谐美妙的声音了。这样看，空竹还真像一个小小的乐器。

除了声音动听，抖动空竹时姿势多变好看。北京有一个专门研究空竹的组织“北京玩具协会空竹专业委员会”，这些人中既有抖空竹的高手，又有制作空竹的能手，他们不断创出新的玩法。比较知名的有“金鸡上架”“翻山越岭”“织女纺线”“夜观银河”“二郎担山”“抬头望月”“鲤鱼摆尾”“童子拜月”“鹞子翻身”“彩云追月”“海底捞月”“青云直上”等技巧。

抖空竹

哇，实在是太美妙了，看得人胆战心惊，却又有惊无险，这简直就是线上飞“车”啊！抖空竹不光趣味性强，还有助于人们的身体健康。抖空竹的时候，两只胳膊要上下摆动，连带着颈肩也跟着活动开来，尤其是膝、踝关节都能得到锻炼，可以说，这是一个全面的健身活动。

相信有很多小朋友都喜欢看杂技表演，但是杂技又实在难学，很多比较大的动作都没办法做到，这个时候你就可以买上一个空竹。在你的牵拉扯动之间，小小的空竹就仿佛是一个杂技表演者一样，围绕着绳索上下翻飞。玩好空竹，你就是个不折不扣的杂技师了。

52 全民竞技，你我同行

竞技运动，也就是比赛性的体育活动。目前全世界通行的竞技运动项目有田径、体操、球类、游泳等数十项，各国还有自己的特色项目，比如我们中国的武术。

在远古时期，早期的人类生活中便已出现了以争取胜利为特点的原始、古朴的体育比赛形式。后来，这种活动形式又经过历史的长期发展，内容形式越来越丰富多彩，不少项目已初具雏形，这也为近代的运动打下了基础。

在整个近代体育领域中，比赛活动获得了越来越大的独立性，并被定名为“竞技运动”。在当代，竞技运动也在不断地发展、演进。

为国出征的运动员

“自古英雄出少年”，2021年中国队出征东京奥运会，最小的一名运动员刚满14岁，别看她年龄小，却在单人跳台10米决赛场上连拿三个满分，还打破了世界纪录。网友们盛赞，“我下饺子都比她水花大”。

除了一个个令人惊艳的佳绩，运动员们还给这届奥运会带来了青春的气息和一个个美好的瞬间，向全世界展现了中国年轻人的精神风貌。这不禁让人回想起了2008年，也就是中国竞技体育硕果累累的一年。

当烟花散尽，繁华消退，后奥运时代的群众体育得到了高度重视，也为中国留下了宝贵的财富。为纪念北京奥运会成功举办，也为了满足广大人民群众日益增长的强身健体的需求，国务院批准从2009年起，将每年8月8日设为“全民健身日”。

运动员

强身健体要从小抓起，从娃娃抓起。只有广泛开展健身活动，才能把增强身体素质落到实处。健身作为一项强国计划，需要全民参与。展示出良好的体魄，不只是专业运动员的事情，人人都应当参与到“奥运”中来，为将中国打造成一个“体育强国”尽一份心力，献一份光热。

作为学生，要积极参与体育活动，培养每日运动的习惯，以科学方式强健体魄，用青春活力践行健康中国理念。